KB001844

마음의 평안과 성공을 위한
4가지
신성한 비밀

THE FOUR SACRED SECRETS: For Love and Prosperity, A Guide to Living in a Beautiful State
by Preethaji and Krishnaji

Copyright ⓒ 2019 by OWA Holdings, Inc.
Korean translation copyright ⓒ 2020 by Gimm-Young Publishers, Inc.
All rights reserved.

This Korean language edition published by arrangement with the original publisher, Atria Books,
A Division of Simon & Schuster, Inc. through Eric Yang Agency.

이 책의 한국어판 저작권은 에릭양 에이전시를 통한 저작권사와의 독점 계약으로 김영사에 있습니다.
저작권법에 의해 한국 내에서 보호를 받는 저작물이므로 무단전재와 무단복제를 금합니다.

마음의 평안과 성공을 위한
4가지 신성한 비밀

1판 1쇄 발행 2020. 1. 25.
1판 4쇄 발행 2020. 4. 26.

지은이 프리타지 & 크리슈나지
옮긴이 추미란

발행인 고세규
편집 강지혜 디자인 박주희 마케팅 이헌영 홍보 김소영
발행처 김영사
등록 1979년 5월 17일(제406-2003-036호)
주소 경기도 파주시 문발로 197(문발동) 우편번호 10881
전화 마케팅부 031)955-3100, 편집부 031)955-3200 | 팩스 031)955-3111

값은 뒤표지에 있습니다.
ISBN 978-89-349-8555-6 03110

홈페이지 www.gimmyoung.com 블로그 blog.naver.com/gybook
페이스북 facebook.com/gybooks 이메일 bestbook@gimmyoung.com

좋은 독자가 좋은 책을 만듭니다.
김영사는 독자 여러분의 의견에 항상 귀 기울이고 있습니다.

이 도서의 국립중앙도서관 출판예정도서목록(CIP)은 서지정보유통지원시스템 홈페이지
(http://seoji.nl.go.kr)와 국가자료공동목록시스템(http://www.nl.go.kr/kolisnet)에서
이용하실 수 있습니다.(CIP제어번호 : CIP2020001531)

The Four Sacred Secrets

마음의 평안과 성공을 위한

4가지
신성한 비밀

아름다운
마음의 혁명은
어떻게
오는가

프리타지&크리슈나지
추미란 옮김

For Love and Prosperity
A Guide to Living in a Beautiful State

김영사

문을 열고 베란다로 나가보니 건조하던 공기가 어느새 촉촉해져 있었다. 멀리서 젖은 땅 냄새가 산들바람에 실려 온다. 머리 위로 큰 먹구름 두 개가 몰려오더니 무거운 몸을 털고 가볍게 제 갈 길을 간다. 지붕에 고여 있던 빗물이 마당 웅덩이로 흘러내린다. 개구리 한 마리가 큰 소리로 울자 다른 한 마리가 대답하고 급기야 개구리 떼가 합창을 한다. 나는 벅찬 기쁨에 가슴이 터질 것만 같다. 사방에서 환희가 넘쳐나다가 이내 곧 마음이 깊고 고요해진다. 로스앤젤레스에서 재무 담당 이사가 전화를 해왔다. 곧 출시될 명상 앱에 대해 논의할 게 있다고 했다. 대화가 자연스럽게 흘렀다. 내면은 여전히 고요한 채.

삶은 왜 항상 수월하지 않을까?

깊고 충만하고 윤택한 관계를 맺기는 왜 이리 어려울까? 왜 성공은 더디고 힘들까? 왜 행복은 한순간일까? 아이들이 해맑게 웃을 때, 사랑하는 사람을 안을 때, 일을 잘해서 박수를 받을 때는 기쁘지만 왜 금세 불안해지고 걱정이 몰려오고 의심이 들까?

인간은 수천 년 동안 이런 질문에 대한 답을 찾고 싶었다. 더 아름다운 존재로 깨어나고 싶어 셀 수도 없이 많은 전략도 짰다. 그리고 전통 수행법이든 그때그때 유행하는 방법이든 가리지 않고 열심히 연마했다.

하지만 그렇다고 꿈꿔왔던 삶에 더 가까워졌을까? 일시적인 효과뿐이지 않았을까? 물론 이런저런 방법을 시도해보는 건 좋다. 하지만 우리는 당신이 그런 어중간한 상태에서 벗어나 그 어떤 기술보다 더 큰 힘을 깨닫기 바란다. 이 힘이 위대한 부와 사랑이 함께하는 삶을 창조해줄 것이다. 그러하도록 돕는 것이 우리의 목표이다. 당신은 그 힘을 열기만 하면 된다. 바로 변형된 의식의 힘 말이다.

단순한 정신 훈련이나 습관 바꾸기를 말하는 게 아니다. 우리는 당신이 세상을 경험하는 방식, 당신 자신을 경험하는 방식, 그러니까 현실을 경험하는 방식을 바꾸기 바란다. 우리는 당신이 모든 것을 다르게 경험하기 바란다. 잠시 생각해보자.

삶을 완전히 다른 방식으로 경험할 수 있다면 어떨까? 지금까지 잠자고 있던 뇌 부위를 깨워 활력을 되찾는다면? 문제라고만 생각했던 것들에 기회가 보인다면? 그리고 마침내 시간과 행운이 당신

편임을 알게 된다면 어떨까? 의식이 그토록 강력해지면 어떤 일이 일어날까?

만일 당신이 크리슈나지와 내가 지난 30년 동안 만났던 사람들과 크게 다르지 않다면 당신도 어떻게 하면 그런 의식을 가질 수 있는지 몹시 궁금해할 것이다. 30년 전, 시부모님인 슈리 바가반Sri Bhagavan과 암마Amma는 사람들이 '생존만 하는 삶'이 아닌 '진정으로 살아 있는 삶'을 살아갈 수 있도록 돕고자 '원네스Oneness'라는 영성 기관을 설립했다. 20년 후 크리슈나지와 나는 의식의 변형을 위한 철학·명상학교 '원 월드 아카데미One World Academy'를 설립했다.

그리고 2년 전 시부모님이 '원네스'를 우리에게 물려주었다. 우리는 '원네스'와 '원 월드 아카데미'를 합쳐 '오앤오 아카데미O&O Academy'를 만들었다. 우리는 '오앤오 아카데미'에서 다양한 커리큘럼으로 서로 상처 주지 않는 관계를 만들고, 피해를 주지 않고도 성공하고, 두려움 없이 사는 방법을 가르치며 수천 명을 도왔다. 참여자들은 단절에서 연결로, 분리에서 하나됨으로 나아가는 법과 스트레스에서 벗어나 마음을 고요히 하는 법을 배웠다. 그리고 그러는 동안 한 개인으로서, 한 가정 혹은 기관의 일원으로서 변화를 거듭하였다.

'오앤오 아카데미'는 정착하여 수행하는 아쉬람이 아니라 참여자의 역동적 배움에 집중하는 교육기관이다. 청소년, 청년, 가족, 구도자, 부富의 의식적인 창조자, '의식 업그레이드'를 원하는 리더를 위한 수업이 다양하게 마련되어 있다. 참여자들은 우리 학교에서 배운 것을 일상에 적용한다.

우리를 찾아오는 사람들은 대부분 처음에는 아름다운 존재로 거듭나게 하는 전략을 알려준다고 생각하고 그에 대한 조언을 듣고 싶어한다. 하지만 의식의 힘을 깨울 때 마법처럼 달라지는 인생과 뒤따라오는 통찰들을 비교하면, 그런 전략들이 얼마나 별 볼 일 없는 것인지 금세 깨닫는다.

이 책을 인간 의식의 놀라운 잠재성을 깨우는 안내서로 삼기 바란다. 우리는 깊은 지혜의 원천에 접근하는 법을 전혀 배우지 못하고 살았다. 그래서 행복이나 성공을 얻기 위해 계획하고 노력하는 데 많은 시간을 소비할 수밖에 없다. 우리는 행복과 성공을 원해 그토록 많은 시간과 공을 들이지만, 행복과 성공은 마치 차 한잔도 같이 하지 못하고 가버리는 손님처럼 좀처럼 다가오지 않는다.

이 책에서 우리는 의식의 큰 힘에 채널을 맞추는 데 필요한 네 가지 신비로운 비밀을 공유하려 한다. 그 각각의 비밀을 말한 다음에는 꿈의 실현을 방해하는 것들, 의식의 드넓은 상태에 들어가지 못하게 하는 것들, 사랑하는 사람과 진정으로 교감하지 못하게 하는 것들을 살펴보고 당신이 따라야 할 인생의 여정을 하나씩 알려줄 것이다.

의식이 전환될 때 가장 좋은 점은 크리슈나지와 내가 '아름다운 상태beautiful state'라고 부르는 존재 방식을 경험하게 되는 것이다. 그 상태의 삶은 애쓰지 않아도 되기에 즐겁다. 이 상태의 삶에서는 인생의 기회들이 저절로 찾아온다. 어쩌다 만난 사람이 친구가 되고 나를 도와준다. 아니, 당신 여정의 모든 단계에서 도움을 받는다. 꼼짝할 수 없어 답답했던 느낌은 이제 없다. 그리고 직관이 깨어날 것이다.

이 책에서 말할 가장 중요한 지혜는 사실 간단하다. 세상에는 두 종류의 존재 상태가 있는데, 바로 '고통의 상태'와 '아름다운 상태'이다. 고통의 상태는 당신 주위에 혼돈의 에너지를 만들고, 아름다운 상태는 당신의 삶에 조화로운 일을 불러들인다. 그러므로 누구나 인생에서 가장 중요한 선택을 해야 한다. '나는 과연 어느 상태에서 살고 싶은가?'

물론 이 선택이 전부는 아니다. '아름다운 상태'에서 살기로 했다고 해서 늘 그 상태에 머무는 것은 아니다. 그렇다. 그럴 수 없다. 그러니 선택만으로는 부족하다. 가장 먼저 고통의 상태는 대개 무의식적이라서 그 뿌리가 깊다는 것부터 이해하자. 이 뿌리는 유전적으로 출생 전에 혹은 유년기에, 또는 그 이후에 어른이 되어서 만들어졌을 수 있다.

고통의 상태에 있으면 고요도 기쁨도 용기도 온전함도 느끼지 못한다. 하지만 이것은 극복 가능한 상태이다. 고통의 상태에서 벗어나는 법을 배우지 못하면 그 상태가 계속 찾아올 것이고, 결국 늘 슬프거나 화가 나거나 짜증이 날 수 있다. 그렇게 상처 입은 상태로는 물질적 부도 행복도 사랑도 유지할 수 없다. 절박함이 때로는 원동력이 되기도 하지만 그렇게 이룬 성취는 순간의 만족만 줄 뿐이다. 기껏 최고 자리까지 올라가고도 도무지 무엇이 더 소중한

지 알 수 없어 방황하며 너무 비싼 대가를 치러야 할 수도 있다.

그럴 때는 명상, 기도, 화려한 휴가조차도 화산을 꺼보겠다고 던지는 작은 얼음 조각에 불과하다. 우리에게는 위로 그 이상이 필요하다. 우리에게 변화가 필요하다.

크리슈나지와 나는 아름다운 상태의 힘에 대한 우리와 아카데미 참여자의 경험을 공유하고자 이 책을 썼다. 그들은 지속적인 인간관계뿐만 아니라 만족스런 직업을 구하거나 성공을 이루는 등, 삶의 모든 측면에서 변화를 이루었다. 물론 이 책에서 소개한 우리 학생들의 이름과 국적과 배경은 사생활 보호 차원에서 바꾸었다. 하지만 이들이 깨달은 것들과 경험의 진실은 그대로 전달하였다.

이 책을 읽으면 곧 알게 되겠지만 의식 변형에 관심이 있다면, 살아가고 사랑하고 성공하는 데 애쓸 필요가 없음을 발견하고 기뻐하게 될 것이다. 이 책이 말하는 신비한 비밀을 가슴 깊이 받아들인다면 그 길에서 온 우주가 사랑하는 친구가 되어 마법 같은 '싱크로니시티(synchronicity, 우연처럼 동시 발생하는 행운 — 옮긴이)'로 당신에게 힘이 되어줄 것이다. 그 여정을 이제 함께 시작해보자.

그런데 시작하기 전에 부탁을 하나 하고 싶다. 이 책을 천천히 음미하면서 읽기 바란다. 이 책《마음의 평안과 성공을 위한 4가지 신성한 비밀》은 음미하며 읽어야 한다. 이 책은 당신의 영혼에게 말하고 있다. 이 책의 문장에 숨어 있는 진리는 시간이 지나도 매일 더 큰 충만함으로 다가올 것이다. 적당히 나누어 매일 명상할 때 읽어보는 것도 좋고, 늘 가지고 다니며 힘들 때마다 꺼내보는 것도 좋다. 그러면 머리가 맑아지고 어려운 문제도 극복할 수 있다. 그리고 책에 질문이나 감상을 써 넣어가며 당신만의 책으로 만들어보는 것도 좋다. 그럼 책을 다시 읽을 때마다 새로운 점을 배우게 될 것이다.

한 장을 다 읽고 나면 생각하는 시간을 갖자. 어떤 감정이나 통찰이 일어나면 적어두자. 의식의 힘을 깨우는 과정에서 일어나기 마련인 우연처럼 보이는 일들도 적어두자.

나의 깨어남
by 크리슈나지

프리타지와 나는 당시 다섯 살이던 딸아이 로카와 함께 캘리포니아 남부에 있는 빅베어 호수로 향했다. 때는 2009년 봄이었다. 고대하던 휴가였다. 그리고 마침내 가족이 함께 빅베어 호수를 품은 산, 그 정상에 올라 경치를 만끽했다.

수정처럼 맑고 파란 빅베어 호수는 끝이 보이지 않았다. 호수 위로 눈 덮인 산과 하늘이 그대로 비치었고 금줄기, 은줄기 같은 물줄기가 태고의 표면을 가르고 있었다. 폐에 가득 차오르는 차갑고 신선한 공기가 상쾌하기 그지없었다. 높은 산이라 기온이 떨어질 건 알았지만 눈이 녹아 만들어진 호수에서 불어오는 바람이 그렇게 차가울 줄은 예상하지 못했다. 내 몸과 마음이 완전히 깨어났다.

몇 분 후 고요를 가르며 흥분한 로카의 목소리가 들려왔다.

"난나, 난나, 저거 봐요!"

'난나'는 남인도에서 아빠를 뜻하는 애칭이다. 로카가 내 팔을 당기며 보트 정박지를 가리켰다. 마침 제트스키 두 대가 들어오고 있었다. 프리타지와 나는 눈빛을 교환했다. 그렇게 열광하는 딸에게 어떻게 안 된다고 하겠는가?

로카의 흥분은 전염성이 있는지 제트스키 강사도 지나치게 명랑하였다. 강사는 기본 사용법을 설명한 후 이렇게 물었다.

"구명조끼 정말 필요하신가요?"

지나가는 말처럼 툭 던진 터라 나도 이렇게 대답했다.

"아뇨, 없어도 괜찮을 겁니다."

그리고 30초쯤 지났을까? 프리타지가 팔꿈치로 나를 살짝 찌르며 말했다.

"우리 구명조끼 입어요."

그 순간 정신이 번쩍 들었다. '당연히 입어야지! 심지어 프리타지는 수영도 못하는데.' 그렇게 우리는 구명조끼를 입고 제트스키를 탔다.

내가 시동을 걸 때도 강사는 뭐라 뭐라 지시사항을 전달했지만 엔진 소리와 로카의 환호성 때문에 잘 들리지 않았다. 강사는 너무 빨리 달리지 말고 급커브는 피하라고 소리쳤다. 그리고 제트스키가 움직이기 시작하자 "뒤집히면 7분 안에 똑바로 세워야 해요. 안 그러면 가라앉아요"라고 큰 소리로 말했다. 그 말을 끝으로 우리는 출발했다.

"난나! 더 빨리, 더 빨리요!"

모두가 환호성을 지르는 가운데 로카가 재촉했다. 이미 꽤 멀리 온 것 같았지만 호수는 넓었고 그대로 계속 가도 될 것 같았다. 나는 로카와 프리타지에게 기억에 남을 순간을 선물하고 싶었다. 그래서 좌우로 왔다 갔다 하는 약간 고난도의 주행을 해보기로 했다. 그러면 멋진 파도가 생길 것 같았다. 그런데 멋진 파도 대신 제트스키가 뒤집히고 말았다. 우리는 모두 호수에 빠지고 말았다.

물속은 깜깜했다. 프리타지가 내 옷을 잡으려고 필사적으로 애쓰는 게 느껴지자 온몸에서 공포가 일었다. '로카는 어딨지?' 발버둥치며 수면으로 올라와 보니 프리타지와 로카 둘 다 단단하게 조여 맨 구명조끼 덕분에 이미 떠올라 있었다.

프리타지는 폐에 물이 들어갔는지 숨을 헐떡였다. 그녀가 균형을 잡으려고 애쓰는 동안 내 마음도 심하게 요동쳤다. '프리타지와 로카에게 무슨 일이라도 생겼다면 어쩔 뻔했어?' 둘을 안정시키고 안심시키기까지 몇 분이 걸렸다. 로카가 좀 더 빨리 안정되었다.

"칸나(Kanna, 인도 크리슈나 신에 대한 존칭, 여기서는 크리슈나지에 대한 애칭으로 보인다), 이거 어떻게 다시 뒤집죠?"

프리타지가 소리쳤다. 강사가 마지막으로 했던 말이 다시 생생하게 귓가에 울려 퍼졌고 나는 다시 긴장했다. 전복된 지 이미 7분이 다 된 것 같았고 제트스키는 당장이라도 가라앉을 수 있었다. 우리는 육지에서 너무 멀리 떨어진 얼음물 속에 있었다. 휴대전화도 다 젖어버렸다. 안전수칙을 하찮게 여기던 강사라면 우리를 이미 까마득히 잊어버렸을 거란 생각이 어렵잖게 들었다. '아무도 안 오면 어떻게 하지?' 또다시 공포가 밀려왔다. '이 차가운 물속에서 떨다가 죽을 수도 있겠다.' 제트스키는 아무리 노력해도 다시 뒤집을 수 없었다. 하지만 다행히 가라앉지도 않았다. 구조가 절실한 상황이었지만 그래도 최악의 상황은 용케 피한 것 같았다.

그럼에도 내 마음속은 여전히 지옥이었다. 무엇보다 무책임한 강사에게 화가 치밀어 올랐다. 나는 분노했고 책임자에게 항의하고 싶었다. 하지만 동시에 애초에 왜 이런 일이 일어났는지 알고 싶어 발버둥쳤다. 질문들이 두서없이 빠르게 떠올랐다.

'왜 이런 일이 내 가족에게 일어났을까? 나쁜 카르마 때문에? 우주가 우리를 위해 계획한 게 있어서? 내가 배워야 할 교훈이 있는 건가?'

이런저런 대답을 짜내어 보았지만 그 어떤 대답에도 내 기분은 좋아지지 않았다. 그 사건이 진짜 우주적 계획이나 내가 배워야 하는 교훈 때문이라고 생각했다면, 그 사실을 알아차렸을 때 화가 사라지고 어느 정도 마음이 안정되고 더 이상 의문도 들지 않아야 했다. 하지만 그러기는커녕 분노는 사그라들지 않고 꼬리에 꼬리를 물고 질문이 이어졌다.

'도대체 무슨 일이 벌어지고 있는 거지? 지금 내가 느끼는 이 고통은 대체 뭐지?'

나는 언제든 이런 본질적인 질문을 던지는 게 편했다. 사실 이런 질문을 던지는 게 자연스러운 환경에서 자랐다고 해도 과언이 아니다. 아버지, 슈리 바가반은 '원네스'라는 영성단체의 창립자이자 영적 지도자이다. 아버지가 이끌었던 영적 움직임의 중심에는 '딕샤deeksha' 현상, 즉 '원네스 블레싱(Oneness blessing, '하나-의식' 축복 — 옮긴이)'이 있었다. 아버지는 어린 시절 황금빛의 거대한 구체가 보이는 신비한 현상을 경험했고, 그때부터 인류가 고통에서 벗어나길 바라며 기도하고 명상하기를 멈추지 않았다. 그리고 아버지는 일반적인 교육뿐만 아니라 행복한 관계를 가르치는 학교를 설립했다. 나도 그 학교의 학생이었다.

아버지가 그 황금빛 구체를 보지 못한 지 15년이 되던 해에 내가 그것을 보기 시작했다. 당시 나는 열한 살이었는데 전에 한 번도 듣거나 경험하지 못한 의식 상태에 들어갔다. 그리고 그런 상태가 갑자기 나에게서 내 친구들과 다른 학생들에게 전이되었다.

어느 날 아버지는 내게 그런 경험을 다른 사람과 나눌 수도 있는지 물었고 나는 그렇게 해보겠다고 했다. 내가 그 의식 상태를 보내면 다른 사람도 그 황금빛 구체를 보았다. 그 황금빛 구체를 누구는 신이라고 했고, 누구는 사랑이라고 했고, 누구는 신성이라고 했다.

이런 특별한 유년기 덕분에 나는 삶의 신비를 탐구하는 데 결코 주저하는 법이 없었다. 하지만 그토록 절박하게 철학적인 질문을 던져본 건 그날 그 호수에서가 처음이었다. 막상 차가운 물속에서 꼼짝도 할 수 없게 되자 안타깝게도 내 머릿속에 떠오른 그 어떤 설명도 위안이 되지 못했다. 그 어떤 것도 나를 진정시키지 못했다. 무능한 강사를 떠올리기만 해도 머리끝까지 화가 치솟았다. 결정적으로 그는 제트스키가 뒤집히면 어떻게 해야 하는지 말해주지 않았다. '어떻게 그런 중요한 정보를 깜빡할 수 있나? 사람이 어떻게 그렇게 경솔할 수가 있지?'

화가 치밀어 올라 참을 수 없었다. 생각이 꼬리에 꼬리를 물고 머릿속을 맴돌았다. 지금까지 마음속에 그렇게 큰 소요가 자리 잡은 적이 없었기에 무척 이상한 경험이었다. 이런 내면의 혼란이 너무 불편해서 나는 크게 결심하고 내면을 들여다보기로 했다. 그러자 다음 순간 민낯의 진실 하나가 내 앞에 나타났다. 나는 이 우주, 내 팔자, 그 제트스키 강사가 아니라 나 자신에게 화가 난 것이다. 조금 전까지만 해도 나는 그 호수에서 제트스키를 탄다는 사실에 흥분해서는 구명조끼조차 필요 없다고 했던 사람이 아닌가? 프리타지가 아니었다면 구명조끼도 입지 않았을 것이고, 그랬다면 바로 그날 내 가족을 모두 잃었을 것이다.

그 진실을 보자 미친 듯이 날뛰던 내면이 조용해졌다. 그리고 이어서 커다란 비움의 과정이라고 밖에는 달리 설명할 도리가 없는 일이 일어났다. 힘들 때마다 들어가곤 했던 모든 피난처들, 불행할 때마다 위로를 받곤 했던 모든 형이상학적 개념들이 모두 사라졌다. 이제 더는 그것들에 안락과 안도감을 기대할 수 없었다.

나는 상상도 할 수 없이 빠른 속도로 돌진했다. 어디로? 나는 알지 못했다. 무엇을 향해서 돌진 중인지. 하지만 내면은 더할 나위 없이 고요했고 바로 그때 모든 괴로운 순간의 본질이 무엇인지 깨달았다. 그 깨달음이 내 온 존재를 통해 뿜어져 나왔다. 바로 모든 괴로움은 자기중심적 사고에 집착하기 때문이라는 깨달음이었다.

나는 마침내 나의 괴로움만이 아니라 모두의 괴로움을 이해했다. 나는 인류의 괴로움을 목격했다. 그때 더할 수 없이 명백하게 모든 불행의 원인이 기본적으로 나, 나, 나에 대한 집착 때문임을 이해했다. 걱정, 불안, 슬픔, 불만, 분노, 외로움 등, 이 모든 것이 결국 생각이 나를 중심으로 끊임없이 맴돌 때 일어난다. 강박적인 자기 집착의 저주에서 풀려날 때만이 스트레스와 불행에서 벗어날 수 있다. 이것을 깨닫자 온몸의 신경세포가 요동쳤다.

이쯤 되자 '경험자'로서의 나는 완전히 사라졌다. 그곳에는 고통받는 사람도, 고통 받지 않는 사람도 없었다. 그리고 고통을 주는 사람도 없었다. 자신의 가족을 구해줄 누군가를 기다리던 크리슈나지도 없었다. 다시 말해 분리된 자아가 없었다.

나는 무한했다. 프리타지, 로카 그리고 주변의 모든 것과 하나가 되는 경험이 일어났다. 그들과 나 사이, 대지와 그 대지에서 나온 나 사이에 경계가 없었다. 내 것인 줄 알았던 내 몸을 자세히 살펴보았는데 어머니, 아버지, 조부모 그리고 그들의 부모의 부모들까지, 나 이전의 모든 세대가 보였다. 내 혈통만이 아니라 태초 이래 인류의 역사도 보였다.

그곳에는 분리된 존재도, 분리된 물질도, 분리된 사건도, 분리된 힘도 없었다. 드넓은 바다와 하늘이 그리고 그 둘 사이의 모든 것이 내 안에 있었다. 내가 우주였다. 우주는 하나의 거대한 유기체였고 크나큰 과정이었고 그 과정 안에서 모든 것이 다른 모든 것으로 존재했다.

'일자(一者, The One)' '성(聖, The Sacred)' 힌두 문화에서 '브라흐만Brahman'이라고 하는 것, 혹은 '신성The Divine'만이 존재했다. 하지만 그 신성은 나와 분리된 경험이 아니었다.

그곳에 분리는 없었고 시간도 없었다. 구조대가 도착하기까지 우리는 물속에 고작 25분 정도 있었을 뿐이다. 하지만 이 모든 경험은 마치 평생 지속된 것 같았다. 그리고 프리타지와 로카가 구조되는 모습을 지켜보는 동안 커다란 열정이 내 안에서 샘솟는 걸 느꼈다. 나는 내가 방금 경험한 것을 모든 사람이 경험할 수 있도록 도와주고 싶었다. 모든 사람이 자유를 찾도록 돕고 싶었다.

나는 우리 모두가 분리되어 있다는 생각에서 벗어나길 바란다. 우리 자신과의 전쟁에서 그리고 주변 세상과의 전쟁에서 벗어나길 바란다. 삶을 초라하고 무의미하게 만드는 괴로움에서 벗어나길 바란다.

나는 아름다운 상태에서 살아가는 아름다운 삶이 모두의 운명임을 잘 알고 있다. 나는 괴로움에서 벗어나는 법을 보았다. 이 길은 모두에게 활짝 열려 있었다.

한국의 독자들에게

나마스테, 사랑하는 한국 독자 여러분 그리고 출판사 김영사.

저희는 한국 사람들, 문화 그리고 한국의 역사를 깊이 존경합니다. 한 국가로서 한국이 지난 40년 동안 이뤄낸 발자취는 가히 전설적이며 다른 나라에도 큰 영감을 주고 있습니다.

이 책에 담긴 모든 비밀과 인생 여정은 한국의 교육 환경 가운데 매우 치열한 경쟁과 어려움을 겪고 있는 젊은 세대와 특히 더 깊은 관련이 있습니다. 이 책을 읽으면 치열한 경쟁이 반복되는 일상 속에서 삶의 더 깊은 의미와 목적을 발견할 수 있습니다. 그리고 스트레스를 내려놓는 방법도 배울 수 있습니다. 지금 아무리 큰 혼란을 겪고 있더라도 책을 다 읽어갈 때쯤이면 눈앞이 명료해질 것입니다.

만약 당신이 스스로를 비판적으로 생각하고 있다면, 이 책에서 소개하는 인생 여정이 자신을 사랑하는 삶과 평화의 길로 안내해 줄 것입니다. 당신에게 진정한 사랑의 의미를 일깨워주며, 궁극적으로는 행복한 부緣를 창조하는 사람이 되도록 가르쳐줍니다.

그러니 부디 도전 받을 준비를 하시기 바랍니다. 이 책은 당신의 삶에 대해 매우 중요한 질문을 던집니다. 그리고 여러분이 그동안 가능하다고는 생각했지만, 감히 하지 못했던 삶을 향해 나아갈 용기를 줍니다.

이제 당신은 그렇게 할 수 있습니다.

진심 어린 사랑을 담아,
프리타지 & 크리슈나지

Namaste to our dear Korean readers and Gimmyoung Publishers, our publisher in South Korea. We deeply respect the South Korean people, your culture and your history. The progress you have achieved over the past 40 years as a nation is legendary and inspirational to the rest of the world. Every secret and life journey in this book has a special relevance for those generations of Korean people who have gone through the rigmarole of extremely competitive Korean education. In these pages you will find a deeper meaning and purpose amidst the rat race of life. You will learn to let go of stress. No matter what confusion you are in, you will find clarity by the time you get to the end of the book.

If you are someone who is critical and judgemental of yourself, the life journeys in this book will lead you to love yourself and make peace with life. They will awaken you to the true meaning of love and ultimately teach you to become a joyful wealth creator.

Be prepared to be challenged. This book will raise important questions about your life. It will give you the courage to move towards a life you knew was possible all along, but did not dare.

Now you will.

love,
Preethaji & Krishnaji

의식 변형으로 모든 존재와
하나되기를 바랍니다.

{ 차례 }

첫 번째

_____ 신성한 비밀
_____ 인생 여정

구하는 답을 찾으리라.
필요한 해결책을 발견하리라.
내 인생이 아름다워지리라.

첫 번째 신성한 비밀
영적 비전으로 살아가기
by 크리슈나지

당신의 여정을 시작하기 전에 몇 분 정도 잠시 멈추십시오.

심호흡을 세 번 하십시오.

그리고 자신에게 천천히 말하세요.

"구하는 답을 찾으리라.

필요한 해결책을 발견하리라.

내 인생이 아름다워지리라."

이제 다음으로 넘어갑니다.

수많은 문명, 종교, 문화가 생겨나고 사라졌다. 하지만 의식의 변형을 추구하는 정신은 인류의 역사 내내 사라지지 않고 그대로 남았다. 최상의 의식 상태에서 삶을 경험하고픈 열정은 모든 종교, 인종, 문화에 똑같이 존재했다. 충만하게 살고 온전히 사랑하며 깊이 교감하고픈 열망은 스스로 인지하든 인지하지 않든 이 땅의 모든 인간 존재의 핵심에 자리 잡고 있다.

변형된 의식 상태는 다양한 형태로 드러나는데 주로 순수한 환희, 조건 없는 사랑, 평온한 용기, 고요한 현존 등을 경험할 수 있다. 의식 변형의 추구라고 하면 흔히 히피나 은퇴한 노년층을 떠올린다. 삶에 흥미를 잃었거나 환멸을 느끼는 사람만이 들어가는 특별구역이라고 생각한다. 역사를 통틀어 의식의 변형은 최후의 보루처럼 취급되었지만, 프리타지와 나의 생각은 다르다. 우리는 이 것만큼 진실에서 벗어난 생각도 없다고 믿는다.

프리타지와 나의 삶이 그 증명이다. 우리는 성실하게 일상을 살아간다. 아내와 남편이자 청소년인 딸아이를 둔 부모이고, 양가 부모님의 건강과 행복을 위해 적극적으로 준비하며 잘 모시고 있다. 그리고 국제적으로 명성 높은 아카데미를 운영하고 있다. 지난해만 해도 다양한 국가에서 6만 9천5백 명이 넘는 학생들이 우리 아카데미를 방문하였다. 우리는 교사 교육은 물론 코스 내용을 기획하고 고급 과정의 강의를 맡는 등 많은 일을 직접 하고 있다. 덧붙여 커다란 자선단체도 두 개나 설립, 운영하고 있다. 덕분에 우리 아카데미 주변 천 개가 넘는 작은 마을에 살고 있는 50만 명 이상의 주민들이 한결 윤택한 삶을 살게 되었다. 그리고 인도 전역의 다양한 학교와 대학에서 강의하며 지금까지 22만 명이 넘는 젊은 친구들의 삶에 긍정적인 영향을 주었다. 최근 몇 년 동안에는 '비전 제시자visionary' 및 사업고문으로 활동하며 국제적인 사업체를 다섯 개나 일구었다. 이 모든 일에서 큰 성과를 거두었고 깊이 만족하고 있다. 사람들은 어떻게 그렇게 많은 일을 해낼 수 있느냐고 종종 묻는다. 그럼, 우리는 "의식의 힘"이라고 대답한다.

인간은 마음의 한계를 훨씬 넘어서는 더 큰 의식의 소유자이다. 우리는 몸을 넘어선 더 큰 존재들이다. 우리는 초월적인 존재들이다. 의식의 힘은 깨달을수록 더 강력해진다. 그리고 그럴수록 우주가 더 쉽게 도움을 줄 테고 삶에서 더 많은 기적이 일어난다. 이것이 이 책에서 우리가 공유하려는 비밀의 요지이다. 문제의 해결책을 찾고 원하는 것을 이루고 싶다면 당신 의식의 힘을 깨워야 한다.

지금부터 우리는 당신이 진심으로 원하는 것을 얻기에 충분할 만큼 당신의 의식을 강하게 만들 신성한 비밀 네 가지를 알려주려고 한다. 우리는 삶에서 이 비밀을 추출했고, 이 비밀을 배운 사람들도 모두 효과를 보았다. 그러므로 마음을 열기 바란다. 이 신성한 비밀을 읽고 흡수하기 시작하면 당신 인생 또한 기적을 향해 방향을 틀 것이다.

그럼 첫 번째 신성한 비밀부터 살펴보자.

당신은 어떤 존재 상태에 있는가? - 프리타지

첫 번째 신성한 비밀을 이해하는 데 불교에서 전해 내려오는 이야기 한 편이 도움이 될 것 같다. 천천히 음미하며 읽어보기 바란다.

예스미 스님과 노미 스님은 마을에서 불법을 설한 후 기거하던 절로 돌아가는 길이었다. 그 절로 돌아가는 길목에는 강이 하나 있었다. 그런데 그 강가에서 한 여자가 울고 있었다. 예스미 스님이 그 여자에게로 다가가 왜 울고 있는지 묻자, 여자가 말했다.

"우리 아기한테 가야 하는데 물이 불어서 강을 건널 수가 없어요. 집에 빨리 가야 하는데……"

아기가 밤새도록 엄마를 찾으며 울 것을 알기에 여자는 발을 동동 굴렀다.

예스미 스님은 여자에게 자신이 업고 건네주겠다고 했다. 그리고 여자를 업고 강을 건넜고, 여자는 예스미 스님에게 감사의 마음을 전했다. 두 스님은 계속 가던 길을 갔다. 두 스님 사이에 어색한 침묵이 이어지는가 싶더니 마침내 노미 스님이 입을 열었다. 스님의 목소리는 격앙되어 있었다.

"예스미 스님, 스님이 지금 얼마나 심각한 일을 저질렀는지 압니까?"

예스미 스님은 미소를 지었다.

"알고 있습니다."

노미 스님이 이어서 말했다.

"스승님이 여자는 절대 쳐다보지 말라고 하셨습니다. 그런데 스님은 여자와 말까지 섞으셨어요! 스승님은 여자와 절대 말을 해서는 안 된다고 하셨어요. 그런데 스님은 여자를 만지기까지 하셨어요. 스승님은 여자를 절대 만져서는 안 된다고 하셨어요. 그런데 스님은 여자를 업기까지 하셨어요."

예스미 스님이 조용히 대답했다.

"맞는 말씀입니다. 하지만 나는 그 여자를 반시간 전에 내려놓았어요. 그런데 스님은 아직도 그 여자를 업고 계십니까?"

이 이야기 속 두 스님의 의식은 모든 사람이 경험하는 내면의 두 가지 의식 상태를 보여준다. 살면서 우리는 매 순간 괴롭거나 혹은 괴롭지 않은 상태에서 살아간다. 괴롭지 않은 상태를 '아름다운 상태'라고 하자. 괴롭지 않으면 인생이 아름답게 느껴지기 때문이다.

'괴로움'이라는 말이 불편하다면 '스트레스'라고 바꿔보자. 스트레스라고 하면 보통 긴장 상태를 뜻하지만 화, 두려움, 외로움, 좌절도 모두 스트레스 상태이지 않은가? '괴로움'은 그 모든 상태를 포괄한다.

'아름다운 상태'는 고요, 연결, 열정, 기쁨, 활력, 내면의 평화를 포괄한다. 아름다운 상태에 있지 않을 때 우리는 자연스럽게 스트레스 상태 혹은 고통의 상태에 있게 된다. 삶에서 혹은 주변에서 벌어지는 일을 보면 이 두 상태가 모든 일의 원인임을 알 수 있다. 전쟁 혹은 평화, 욕심 혹은 화합, 인내 혹은 실패, 친절 혹은 잔인함,

협력 혹은 부패정치 그리고 마지막으로 행복한 아이 혹은 불안한 아이. 그 배후에는 늘 고통의 상태 아니면 아름다운 상태가 있다.

원래 이야기로 돌아가보자. 예스미 스님은 의식의 아름다운 상태를 대변하고, 노미 스님은 스트레스 상태 혹은 괴로운 상태를 대변한다. 노미 스님은 있지도 않은 문제를 마음속으로 만들어냈고, 그 문제를 풀기 위해 스트레스를 받았다. 예스미 스님은 타인이 겪고 있던 진짜 문제를 해결해준 후 평화롭게 가던 길을 갔다.

노미 스님은 사건 발생 전부터 사건이 일어나는 동안은 물론이고 사건 발생 후에도 동요 상태였다. 그런 내면의 동요가 문제를 지나치게 복잡하게 만들었고 이성적인 사고를 방해했다.

예스미 스님은 행동했고, 그 행동에 현존했다. 그리고 행동이 끝났을 때는 그 상황에서 완전히 떠났다. 아름다운 상태에서는 과거를 강박적으로 되새기지 않으며 미래를 불안해하지도 않는다. 다만 명료한 내면과 막힘없이 총명한 정신만을 경험한다. 그리고 현재에 연결되어 있다.

스트레스 상태는 분리를 부르기 때문에 노미 스님은 예스미 스님도, 그 상황도 이해할 수 없었다. 노미 스님과 같은 상태라면 우리는 기뻐하는 군중 틈에서도 공허함을 느낀다. 가까운 친구가 곁에 있어도 외롭다.

예스미 스님의 상태는 그렇지 않다. 예스미 스님은 그 순간에 오롯이 존재한다. 그러므로 예스미 스님은 노미 스님의 불편함도 감지했고 지혜로운 질문으로 돕고자 했다. 의식의 아름다운 상태에 있으면 자신은 물론 남도 현명하게 잘 도울 수 있다. 행동도 결단력 있고 강하게 추진한다.

우리는 때때로 예스미가 되고 때때로 노미가 된다. 누구나 때로는 스트레스와 단절의 상태에서 살고, 자신과 주변 사람의 인생을 더 복잡하게 만든다. 하지만 때로는 교감이 펼쳐지는 아름다운 상태에 살며 자신과 세상의 웰빙에 기여하기도 한다.

크리슈나지와 나는 오랫동안 우리의 의식을 관찰했고 그것이 삶에 발현되는 방식을 살폈다. 그리고 그 결과 하나의 패턴을 알게 되었다. 의심할 여지없이 고통의 상태는 파괴적이고 아름다운 상태는 생명력을 주고 원기를 회복시킨다. 고통의 상태에 오래 있을수록 삶은 더 엉키고 도무지 해결의 실마리가 보이지 않게 된다. 문제가 쌓이고 혼란이 가중되고 혼돈이 커져만 간다. 그런 삶은 끊임없는 전쟁이다.

좌절, 실망, 질투, 미움 등 고통의 상태가 계속되면 삶이 모든 면에서 엇나가기만 한다. 가족과 싸우고 직장동료들과 싸우고 사회와도 싸운다. 고통의 의식의 상태에서는 우주의 모든 힘이 적대적인 것만 같다. 어떤 결정을 내리고 어떤 행동을 하든 삶은 더 심한 혼돈 속으로 곤두박질칠 뿐이다.

크리슈나지와 나는 수없이 많은 경험을 통해 의식이 아름다운 상태일 때 '싱크로니시티'의 마법이 펼쳐진다는 것을 알게 되었다. 싱크로니시티 개념이 생소한 사람을 위해 설명하자면, 싱크로니시티는 '의미 있는 우연의 일치'를 뜻한다. 싱크로니시티가 발생하면 당신의 의도에 부응하는 사건들이 조화롭게 일어난다. 마치 무작위로 움직이던 우주가 우리의 깊은 열망을 충족시키기 위해 정렬하는 느낌이다.

아름다운 상태에 있으면 창의성이 발현되어 문제에 대한 놀라운 해결책이 떠오른다. 망가진 관계가 치유되고 이로운 관계가 생겨난다. 생각이 맑아지고 지성은 날카로워지며 마음은 평화롭고 가슴으로 교감한다.

아름다운 상태에 대한 이런 설명이 부담스럽거나 혹은 잘 이해되지 않는다면 아름다운 상태란 곧 풍부한 경험이 가능한 상태라고 생각해보자. 고요, 행복, 감사, 사랑, 용기를 경험하기 시작한다. 아름다운 상태에서는 일단 갈등을 부르는 머릿속 수다가 사라지므로 현존하게 되고 주변 사람들과 많은 교감을 나누게 된다. 거기서 더 발전하면 평화, 고요, 자비, 기쁨을 느끼고 두려움이 사라지는 초월적인 상태로 깨어난다. 이 상태가 되면 온 우주를 관통하는 생명력의 흐름을 타게 된다. 그리고 모든 존재가 서로 연결되어 있음을, 그러므로 하나임을 깨닫게 된다. 이 상태가 강력할수록 더 쉽게 의식의 짜임새를 바꿀 수 있으며 열망하는 것도 더 쉽게 이룰 수 있다.

온전히 살기 위해 죽음에 대한 공포가 사라지게 해야 한다. 온전히 사랑하기 위해 실망감을 해소해야 한다. 아름다운 상태를 경험하려면 날카로운 통찰로 괴로움에서 벗어나야 한다. 지금쯤 당신은 우리가 '괴로움'이라는 단어를 어떤 의미로 쓰고 있는지 이해했을 것이다. 간단히 말해 괴로움은 감정적으로 불편한 경험이다. 그리고 그 범위는 참으로 넓다. 거의 알아차리지 못하고 넘어가는 가벼운 괴로움으로는 짜증, 걱정, 실망감 등이 있다. 이런 감정을 그냥 두면 두 번째 단계로 화, 불안, 슬픔의 감정이 찾아온다. 이런 감정을 없애는 법도 배우지 못하면 급기야 분노, 원한, 공포, 우울감에 빠질 수 있다. 이것은 매우 위험한 강박 상태이다.

어떤 단계의 괴로움 속에 있든 그 괴로움을 연장하는 것이 얼마나 위험한지 깨달아야 하고, 이것은 매우 중요하다. 당신의 꿈을 조금씩 하지만 무자비하게 파괴하는 것이 바로 이 괴로운 상태이기 때문이다. '괴로움'의 의미를 진정으로 이해하는 데 매우 흔하지만 대단히 중요한 단어, 즉 '문제problem'라는 단어를 살펴보자.

'문제'란 무엇인가? 괴로움과 문제 사이의 가장 큰 차이점은 괴로움은 내면의 경험이고, 문제는 외부적이라는 것이다. 문제는 작은 불편부터 극도로 힘든 난관까지 다양하다. 하지만 그 문제를 어떻게 다루느냐는 전적으로 당신에게 달려 있다. 당신은 괴로운 의식 상태에서 문제를 다루겠는가? 아니면 아름다운 상태에서 다루겠는가? 운동을 즐기다가 갑자기 다리를 다쳐서 오랫동안 계획했던 여행을 떠나지 못하게 되면 어떨까? 이것은 분명 문제이다.

아니면 생계수단을 잃는 건 어떤가? 더는 가족을 부양할 수 없고 청구서를 받아도 돈을 지불할 수 없다. 살던 집도 내놔야 한다. 이것은 재난에 가까운 정말 심각한 문제이다. 늙고 쇠약한 부모의 건강이 나빠져서 한시도 눈을 뗄 수 없게 된다면 어떨까? 당신이 사는 도시로 오기를 부모님이 한사코 거부해서 당신이 고향으로 돌아가야 한다면? 그래서 좋은 직장을 포기해야 한다면? 이것 또한 문제이고 난감한 상황이다.

당신 인생에서 미래의 사건들이 어떻게 전개될지는 전적으로 현재의 문제를 어떤 상태에서 다루느냐에 달려 있다. 문제를 자세히 살펴보면 인간, 동물, 식물 가릴 것 없이 모든 존재의 삶에 문제가 있음이 보인다. 폭풍우가 몰아칠 때마다 수백 종의 나무와 풀 들이 뿌리째 뽑히고 만다. 그리고 대부분 그대로 죽어간다. 야생동물들도 생각지도 못한 위협으로 삶의 터전을 잃고 먹을 것을 찾지 못해 죽어간다.

2010년 우리 팀이 동물 다큐멘터리 〈타이거 퀸Tiger Queen〉을 제작했을 때 나는 야생 호랑이가 겪는 문제가 우리 인간의 그것과 얼마나 닮았는지를 알고 놀라움을 금치 못했다. 이 다큐멘터리에는 '마칠리'라는 이름의 거대한 암호랑이가 나오는데 마칠리는 자기 딸과의 권력 싸움에서 패배해 먹을 것 없는 숲으로 쫓겨나야 했다. 다행히 마칠리는 우리 인간처럼 생각하지 않았다. 인간처럼 생각했다면 남은 생을 우울해하며 살았을 것이다!

문제는 누구에게나 있다. 심지어 동식물도 문제를 안고 살아간다. 하지만 문제를 경험하는 방식은 저마다 다를 수 있다. 직장을 잃었다고 스스로 실패자라고 생각하며 종일 침대에서 뒹굴겠는가? 아니면 눈앞에 새로운 기회가 펼쳐지고 있다고 보겠는가? 살고 있는 지역이 지진이나 태풍으로 피해를 입었다면 그런 비극이 또 일어날 것 같아 공포에 질린 채 살겠는가? 아니면 침착하게 그리고 열정적으로 이웃과 사회를 돕고 재건하려 노력하겠는가?

무엇 때문에 우리는 이렇듯 삶에 다르게 반응하는가? 바로 우리의 존재 상태 때문이다. 누구나 살다보면 문제에 직면한다. 가난, 정치적 불안, 사회의 억압, 자연재해 등의 심각한 문제에 직면할 수도 있다.

프리타지와 나는 무탈하게 잘 살아온 사람부터 폭력과 질병으로 삶이 산산조각 난 사람까지 사회·경제적으로 다양한 배경의 사람들을 만났다. 그리고 각계각층의 사람들이 모두 고통을 초월하고 아름다운 상태에서 사는 법을 배우는 모습을 지켜보았다.

그뿐만 아니라 아름다운 상태는 장벽을 무너뜨리고 새로운 문을 열어주며 문제를 정복하게 하고 심지어 가장 큰 문제에도 창조적인 해결책을 제시해주는 힘을 가지고 있다. 하지만 당신 의식의 그 진정한 힘을 발견하기 위해서는 가야 할 길이 있다. 그리고 그 길을 가기 위해서는 먼저 중요한 결심을 하나 해야 한다. 다름 아니라 앞으로 절대, 단 하루도 고통 상태를 용납하며 살지 않겠다고 선언해야 한다. 그리고 반드시 아름다운 내면의 상태에서 살겠다고 다짐해야 한다.

그렇게 할 수 있겠는가? 그런 삶을 상상할 수 있겠는가? 괴로움 속에서 하루를 보내는 것은 하루를 낭비하는 것이다. 아름다운 의식 속에서 사는 삶이 진정한 삶이다.

그렇다면 영적 비전이란 무엇인가?

삶에는 기본적으로 두 가지 측면이 있는데 바로 '행위doing'와 '존재being'이다. '행위'는 성공을 위해 우리가 하는 일로, 사람을 만나고 관계를 맺거나 끊고 삶의 방식과 습관을 만드는 일 등이 이에 속한다. '행위'는 바깥세상에 보이는 우리의 얼굴이고, 우리는 대부분의 시간을 이 '행위'에 집중하며 살아간다.

반면 '존재'는 삶을 경험하는 우리만의 방식이다. 예를 들어 회의실에 들어갈 때 당신은 미소를 지을지도 모른다. 당신은 사람들에게 확신을 보여야 함을 잘 알고 있기 때문이다. 하지만 속사정은 완전히 다르다. 속으로는 긴장했거나 겁에 질렸거나 완전히 기가 죽었을 수도 있다.

우리 사회는 '행위'를 중요하게 생각하고 '존재'의 내면 상태에 대해서는 아랑곳하지 않는다. 삶에서 아름다운 내면의 경험을 진정으로 우선시하는 사람은 거의 없다. 대신에 경력, 성취, 겉모습, 사회적 위상 혹은 재정적 안정이 마치 삶의 모든 것인 양 살아가기를 선택한다. 이런 '존재'에 대한 절대적인 묵살과 '행위'에 대한 강박이 삶에 불균형을 부르며 우리를 예상치 못한 문제들의 깊은 소용돌이 속으로 끌고 들어간다.

《여성의 영혼을 위한 닭고기 수프: 여자들의 영혼에 불을 붙이고 마음을 열어주는 101가지 이야기》의 저자, 제니퍼 리드 호손Jennifer Read Hawthorne에 따르면 인간은 하루에 평균 1만 2천~6만 가지 생각을 하고, 이 생각들 대부분은 어제도 했던 생각이라고 한다. 그리고 놀랍게도 그런 머릿속 수다의 80퍼센트가 부정적이라고 한다. 이 말은 즉, 우리가 무의식적으로 평균 80퍼센트의 시간을 괴로운 상태에서 살고, 오직 20퍼센트의 시간만 아름다운 상태에서 산다는 뜻이다. 진정으로 살고 싶다면 이 비율을 바꿔야 한다.

단계적으로 20퍼센트가 40, 50, 60, 70, 80퍼센트가 되어야 한다. 그만큼 아름다운 상태에서 더 많이 살아야 한다. 80퍼센트 그리고 그보다 더 많은 순간 아름다운 상태로 살아간다면 삶이 얼마나 아름다울지 상상해보라!

바로 이 첫 번째 신성한 비밀이 우리가 그렇게 살 수 있도록 도와줄 것이다. 영적 비전을 가지면 내면 세상을 바꿀 수 있으니 말이다. 영적 비전의 힘을 이해하는 데 도움이 될 수 있는 내 개인적인 이야기를 하나 해보겠다. 열한 살에 첫 영적 경험을 한 이래 청하지 않아도 장엄한 의식 상태가 계속 나를 찾아왔다. 그렇다고 나의 장난기 많고 즐거운 기질이 줄어들지는 않았다.

열아홉 살 즈음 밀려드는 구도자들을 보고 있자니 영성센터를 만들고 싶다는 열정이 강해졌다. 그런데 그것을 생각하면 할수록 센터보다 더 큰 무언가를 원하고 있음을 알게 되었다. 나는 우리를 찾아오는 모든 사람들의 의식 변형을 위해 다방면에서 돕고 지지하는 일종의 거대한 생태계를 만들고 싶었다. 그러기 위해선 먼저 부모님의 허락과 축복이 필요했다. 아버지는 예전부터 '사람들에게 영향을 줄 공간, 의식을 깨울 공간'이라는 비전을 가지고 있었다.

나의 비전은 확고했다. 내가 경험한 것을 다른 사람들도 경험할 수 있게 돕는 지상 그 어디에도 없는 구조물을 만들고 싶었다. 나는 우리를 찾아오는 사람의 의식만이 아니라 인류의 집단의식에도 영향을 줄 구조물을 만들고 싶었다. 그래서 더할 수 없는 흥분과 열정으로 그 건축물을 만드는 프로젝트를 시작했다. 의도를 세운 지 채 한 달이 되지 않아 프로젝트의 시작에 필요한 사람들과 재원이 구체적으로 그 모습을 드러냈다. 주변에서 크고 작은 싱크로니시티를 보여주는 사건들이 일어나기 시작했다.

먼저 신성한 건축물에 대한, 고대에서 내려오는 신비로운 원칙을 잘 아는 건축가를 만났다. 그리고 우리의 신성한 비전을 구체화해 줄 마법 같은 땅도 찾았다. 멋진 산을 뒤로 하고 숲 한가운데 위치한, 믿을 수 없이 좋은 에너지를 발산하는 약 18헥타르의 땅이었다. 나는 라센&토브로(Larssen&Toubro, 인도의 다국적 건설사 ― 옮긴이)에 건축을 맡겼고 마침내 3층짜리 거대한 대리석 구조물, 에캄(Ekam, 산스크리트어로 하나, 단일, 합일을 뜻한다 ― 옮긴이)이 세워졌다. 천년이 지나도 변함없이 인류 의식에 영향을 줄 신비하고 경이로운 건물을 만들고 싶었다. 에캄은 지금도 여전히 아카데미 심장부에 보석처럼 자리 잡고 있다.

그런데 프로젝트 시작 4개월 만에 우리는 인도 산림청으로부터 "귀하의 소유지가 국유림 한가운데에 위치하여 부지로 출입하는 것을 불허합니다"라는 통지를 받게 되었다. 산림청은 우리 프로젝트의 즉각 중단을 요구했다. 공사 차량의 출입조차 막아버렸다. 당국으로부터 필요한 모든 허가를 다 받은 뒤 벌어진 일이라 충격을 받았다. 건축 허가는 이미 난 상태였다. 이미 길이 있어서 우리는 그곳으로 들어갈 수 있다고 생각했고, 주택및도시개발국에서는 불가능할 수 있다는 사실을 전혀 말해주지 않았다.

한편 시공사는 공사 지연으로 파생되는 인건비와 장비 관련 초과 비용을 요구해왔다. 공사비가 치솟기 시작했다. 정부에 어떤 방식으로 어떤 문의를 하든 결과는 같았다. 인도의 산림법은 매우 엄격해서 국유림 한가운데에 건물을 세울 수 없다는 답변이었다. 소송을 걸어도 최소 5~6년은 걸릴 터였다. 위기감이 커졌다. 하지만 그럴수록 나는 고통의 상태에 굴복하지 않겠다고 더욱더 굳게 다짐했다. 에캄에 대한 비전은 그 어떤 대단한 권력자의 힘보다 컸다. 이 신성한 땅이 수백만 명의 의식을 바꿀 것이므로 이 프로젝트가 반드시 이루어져야 한다고 굳게 믿었다. 그러자 놀랍게도 강력한 의식 상태가 펼쳐지기 시작했다. 프로젝트가 실현된 모습을 내 의식 속에서 목격했다. 이미 실현된 현새의 모습으로. 그곳에 과거와 미래 사이의 줄다리기는 없었다. 그 프로젝트는 실현될 예정이었다.

우리 팀은 포기하지 않고 산림청의 허가를 받기 위해 할 수 있는 모든 노력을 다했다. 그러자 마침내 마법이 일어나기 시작했다. 우리가 낸 신청서는 3개월이 채 지나지 않아 스무 개가 넘는 담당자들의 책상을 거쳐 통과되었다. 결과만 말하자면 결국 그 땅을 이용할 수 있다는 허가를 받았다. 분명 선례가 없는 특별하고 역사적인 일이었다. 더 중요한 것은 내가 일을 성사시키기 위해 동분서주하지 않았다는 사실이다.

나는 의식의 아름다운 상태에서 그 프로젝트를 성사시키고 싶었고 따라서 내 영적인 비전을 흔들림 없이 견지했을 뿐이다. 그런 싱크로니시티의 대결말이 있은 뒤 지금까지 거의 16년 동안 매일 수천 명의 사람들이 그 길을 통해 에캄으로 들어와 개인의 깨어남과 세계 평화를 위해 명상하고 있다.

이 이야기는 하나의 예일 뿐이다. 나는 살면서 영적인 비전을 견지함으로써 믿을 수 없는 일을 수없이 많이 경험했다. 영적 비전을 갖는다는 것은 목표를 갖는 것과는 다르다. 목표는 미래지향적이다. 목표는 삶에서 갖는 희망이고 계획이다.

영적 비전은 목적지가 아니다. 영적 비전은 다양한 목표에 도달하기 위해 나아갈 때 당신이 선택하는 내적 상태이다. 이것이 영적 비전이 모든 비전의 어머니라고 말하는 이유이다.

당신이 부모가 되는 비전을 가지고 있다고 해보자. 이것은 하나의 역할에 대한 비전이고 전적으로 '행위'에 관한 비전이다. 그러는 동안 당신 내면의 상태는 어떠한가? 혼란과 좌절과 죄책감이

드는 상태에서 부모의 역할을 수행해도 괜찮은가?

당신은 교감하는 연결성과 명료함이 지배하는 아름다운 상태에서 부모의 역할을 다하고 싶지 않은가? 행복한 부모가 되고 싶지 않은가? 만족하는 부모, 감사하는 부모가 되고 싶지 않은가?

당신은 '행위'를 설명하는 동사가 아닌 '존재'를 묘사하는 형용사에 진정한 열정이 있는가? 무언가를 성취하려고 할 때 아름다운 상태가 중요한가? 아니면 동사만이, 즉 무언가를 한다는 것만이 중요한가? 당신이 해야 할 가장 중요한 결심이 무엇인지 다시 한번 기억하기 바란다. 매일 어떤 상태에서 살고 싶은가? 어떤 상태로 운명을 만들어가고 싶은가?

매일 2분만이라도 영적 비전에 깊이 집중하여 고통을 해소하고 아름다운 상태에 있을 수 있다면 곧바로 뇌, 특히 전측 대상회와 전두엽에 공급되는 혈액량이 증가하고, 그럼 불필요한 감정적 수다가 줄어들 것이다.

소울 싱크의 마법 연습 – 프리타지

첫 번째 인생 여정에 들어가기 전에 지금까지 논의한 '아름다운 상태'로 들어가는 데 도움이 될 강력한 비법을 하나 알려주려 한다. 우리는 이 비법이 영혼의 동시성을 부른다고 해서 '소울 싱크Soul Sync'라고 하는데 이것은 단순한 명상이 아니다. 소울 싱크는 우리 아카데미를 졸업한 세계 각국의 수많은 졸업생들이 아름다운 상태에서 하루를 시작하기 위해, 그리고 진정으로 원하는 것을 이룰 의식의 무한한 힘을 발휘하기 위해 매일 아침 실천하는 신성한 연습이다. 소울 싱크는 신비하면서도 과학적이다. 먼저 신비한 쪽부터 보자.

현대 신경과학이 도래하기 전 1천 년이 넘는 시간 동안 의식과학의 개척자는 고대 인도의 성자들이었다. 이들이 발견한 것은 현대의 뇌 연구자뿐만 아니라 삶을 경험하고 느끼고 생각하는 방식을 바꾸고 싶은 사람들에게도 큰 관심의 대상이다.

고대의 성자들은 우리가 흔히 이해하는 범위 너머로 훨씬 넓게 확장되는 의식을 말하곤 했다. 그리고 그것을 '무한한 의식의 자궁'이라는 뜻인 '브라흐마가르바Brahma Garbha'라 불렀고, 이 브라흐마가르바를 뇌 속 송과선, 뇌하수체, 시상하부 축과 연결하여 이해했다.

우리는 소울 싱크 연습을 통해 이런 무한한 의식을 활성화하면 진심 어린 의도가 강력해져서 생각의 장벽을 뚫고 물질 세상 속으로 들어갈 수 있음을 알게 되었다. 이렇게 활성화가 되면 우주와 개인의 관계를 새롭게 구축한 것 같은 느낌이 든다. 마치 당신이 싱크로니시티를 경험할 수 있도록 우주가 스스로 재정리된 것 같다. 그러면 삶에 기적 같은 전환이 일어나고, 위대한 운명으로 향하게 될 것이다.

당신의 목적이 경제적 안정이든 바람직한 인간관계든 뛰어난 경력이든 영적으로 깊은 삶이든 혹은 우주와의 합일이든 이 연습을 아지트 삼아 드나들며 마법을 실현하는 데 이용하기 바란다.

다음은 소울 싱크 연습의 과학적 단계이다.

강력한 소울 싱크

자세 편안한 의자나 방석 위에 앉는다. 손을 허벅지 위에 올려놓고 호흡을 하되 엄지손가락을 다른 손가락에 차례대로 올려놓으며 호흡을 센다. 먼저 왼손 엄지손가락을 왼손 집게손가락 위에 올리며 시작한다. 그다음 가운뎃손가락으로 차례대로 옮겨간다. 그렇게 양손으로 여덟 번 호흡을 반복한다. 아이와 함께한다면 네 번으로 줄여도 괜찮다.

명상방법 소울 싱크를 연습하면 우리 몸의 갈등을 부르는 화학적 활동을 잠재워 긴장을 풀고 고요하고 아름다운 상태로 들어갈 수 있다.

[1단계] 들숨과 날숨을 깊게 여덟 번 쉬는 것으로 시작한다. 앞서 설명했듯이 손가락으로 세어가며 호흡한다. 당연히 이런저런 생각들이 집중을 방해할 것이다. 그럴 때면 멈췄던 곳으로 돌아가 다시 세어가며 호흡을 계속한다. 이 첫 단계를 끝낼 즈음이면 부교감신경이 최대로 활성화될 것이다. 이 호흡법은 뇌에서 나와 심장, 폐, 소화기를 통과하는 길고 구불구불한 미주신경을 활성화한다. 미주신경이 활성화되면 기본적으로 자율신경계 전체가 이완된다.

이제 맥박이 느려지기 시작하고 혈압이 안정된다. 소화계 반응도 좋아진다. 앤드루 뉴버그Andrew Newberg와 마크 로버트 월드먼Mark Robert Waldman 박사에 따르면 의식적으로 손가락을 반복해서 움직일 경우 뇌의 운동기능과 조정력이 강화되고 따라서 뇌 전체의 효율성이 좋아진다고 한다. 이때 기억력 증가와 기억 인출 작용이 촉진된다.

[2단계] 숨을 깊이 들이쉰다. 그리고 숨을 내쉬는 동안 낮은 음으로 벌이 날아다닐 때 내는 소리처럼 허밍을 한다. 소리는 불편하지 않을 정도까지만 내면서 그 소리에 온전히 집중할 때 몸과 마음이 깊이 이완된다. 날숨을 무리해서 오래 끌지는 않는다. 이런 식으로 호흡을 여덟 번 반복한다. 이 단계가 수면의 질을 높이고 혈압을 조절해줄 것이다.

[3단계] 이번에는 여덟 번 호흡을 하되 들숨과 날숨 사이의 순간을 관찰한다. 숨을 들이쉬고 내쉴 때 자연스럽게 그 중간, 즉 날숨 바로 직전에 자연스러운 호흡의 멈춤이 생긴다. 이 순간을 관찰한다. 워낙 짧은 순간이므로 관찰이 어려울 수도 있다. 하지만 그 순간을 감지하면 생각이 조금씩 느려진다. 그렇다고 호흡을 일부러 참지는 않는다. 호흡은 항상 부드럽고 자연스럽게 한다.

[4단계] 마음이 충분히 고요해졌다면 좀 더 깊이 들어가보자. 여덟 번 호흡하며 들이쉬고 내쉴 때 속으로 '아-함Ah-hum' 하고 읊조린다. '아-함'은 고대 산스크리트어로 '나는 존재한다' 혹은 '나는 무한 의식이다'란 뜻이다.

[5단계] 당신 몸이 빛으로 변하는 모습을 상상하거나 그렇게 느껴본다. 바닥, 탁자, 주변 사람들을 비롯한 모든 것이 하나의 에너지장으로 확장된다고 상상한다. 이 의식의 장에서는 모든 것이 연결되어 있다. 분리된 대상, 분리된 사람, 분리된 사건도 없다. 당신, 당신이 만났고 알았던 모든 사람, 존재했던 모든 동식물, 당신이 가졌던 모든 희망과 열망, 당신이 보고 느끼고 듣고 알았던 모든 것, 당신이 생각하고 상상했던 모든 것…… 이 모두가 단일한 의식의 장으로서 존재한다. 이곳에는 구분도 분리도 없다. 이 의식의 장에서는 생각과 물질이 하나이다. 그러므로 열망과 현실도 하나이다.

[6단계] 빛의 끝없는 확장 속으로 완전히 젖어 들었다면 이제 진심으로 원하는 것이 지금 이 순간 벌어진 것처럼 느끼거나 상상하기 시작한다. 예를 들어 사랑하는 사람과의 관계를 치유하고 싶다고 하자. 그럼 그렇게 치유된 상태에서 당신과 그 상대가 느낄 기쁨을 그대로 느끼거나 상상한다. 새로운 일을 시작하고 싶다는 꿈을 갖고 있다면 이미 그 역할을 수행하는 당신을 보거나 느껴본다. 실제로 꿈을 이루었을 때 상태를 경험해본다. 몇 분 동안 그 상태를 유지한다. 그런 다음 눈을 뜨고 소울 싱크를 마친다.

하루 중 소울 싱크를 하기 가장 좋은 때 많은 사람들이 아침에 일어나자마자 소울 싱크를 하지만 사실 언제든 할 수 있다. 중요한 결정을 내려야 힐 때 하는 사람도 있고, 고된 하루를 마치고 긴장과 스트레스를 풀어야 할 때, 혹은 마음이 동요할 때마다 하는 사람도 있다.

혼자 연습해도 되고 함께해도 된다. 어떤 기관에서는 하루를 시작하기 전에 마음을 가라앉히기 위해 함께 소울 싱크를 연습한다. 또 집단의 힘을 활용해 공동 비전을 정하고 그것을 성취하기 위해 소울 싱크를 하는 팀도 있다.

우리는 소울 싱크를 매일 최소 한 번씩은 할 것을 권장한다. 그렇다고 꼭 한 번으로 제한하지는 말자. 어떤 사람들은 하루에 많게는 다섯 번씩 하기도 한다. 9분 정도밖에 안 걸리므로 절대 서두르지 말자. 그 9분으로 종일 마법 같은 효과를 보게 될 것이다.

우리 아카데미 졸업생 중 막 스타트업 회사를 시작한 한 사업가는 회사 직원들과 함께 단체로 매일 소울 싱크 연습을 했다. 21일마다 새로운 의도를 세우고 다음 21일 동안 그 의도에 집중했다. 놀랍게도 그렇게 정한 의도는 대부분 다 이루었다.

예를 들어 투자자를 찾겠다는 의도를 세우자 파트너십을 구하는 기관을 만나게 되었다. 브레인스토밍 후 그 기관의 CEO가 상당한 금액을 투자하겠다고 했고, 공동 사무공간과 마케팅도 지원하고 브랜드 이름도 공동으로 사용하겠다고 했다. 하지만 그 졸업생이 흥분한 이유는 쏟아지던 지원 때문만은 아니었다. 그 경험으로 그 졸업생은 변화된 의식의 힘과 그것이 비즈니스 세상에 발휘할 막대한 영향력을 이해한 것이다.

"그 사람은 마치 더 높은 세상의 사람처럼 내 눈을 뚫어져라 보았지요. 그리고 우리가 바라는 것을 모두 들어줬어요. 정말 믿을 수 없었어요." 우리 졸업생이 말했다.

"단지 구체적이고 분명한 목표를 세웠을 뿐인데 그렇게 구체적이고 확실하게 그 목표가 이루어졌어요. 내가 요구했기 때문이에요, 정말 굉장해요!"

이 이야기는 우리가 매일 듣는, 소울 싱크 연습이 불러온 수많은 싱크로니시티의 한 예일 뿐이다. 앞으로 이 책에서도 인생 여정을 하나씩 설명할 때마다 마지막에는 소울 싱크 연습으로 돌아올 것이다. 그럼 소울 싱크가 문제를 극복하고 강력한 목표를 세우는 데 얼마나 좋은 맞춤 도구인지 보게 될 것이다. 이제 그 첫 인생 여정을 시작할 때가 된 것 같다.

프리타지가 안내하는 강력한 소울 싱크 연습 오디오 가이드는 웹사이트(www.breathingroom.com)에서 앱으로 다운받을 수 있다.

당신은 행복한 사람이 되겠습니까,
불행한 사람이 되겠습니까?
진실을 보기 바랍니다.

상처받은 아이 치료하기

by 크리슈나지

우리는 대부분 스스로 만든 폐쇄 공포증을 가지고 살아간다. 당신도 그 고통스러운 상태를 잘 알 것이다. 그것은 마치 파티를 열겠다며 한 무리의 사람들이 당신 집 현관에 갑자기 들이닥친 상황과 비슷하다. 문제는 이들이 그냥 보통의 무리가 아니라는 점이다. 당신 집 거실로 쏟아져 들어오는 이 사람들은 한때 당신에게 부당함과 상처와 창피함을 선사했던, 당신이 초대할 생각이 전혀 없는 사람들이다.

정신을 차릴 틈도 없이 밀려든 이들은 당신 집의 인테리어에 대해, 당신의 음악적 취향에 대해, 아니 당신이 내린 모든 결정에 대해 생각 없이 마구 지껄여댄다! 이들은 시끄럽고 이렇다저렇다 판단하고, 무엇보다 떠날 생각이 없다.

당신은 이들이 생산해내는 비판의 불협화음만 피할 수 있다면 무슨 짓이든 했을 거다. 하지만 이 무리를 무시하기란 불가능하다. 게다가 안타깝게도 술 때문에 이들의 목소리가 점점 더 커진다!

아무리 나가라고 해도 그때마다 이들의 목소리는 더 커지기만 한다. 무슨 짓을 해도 소용이 없자 당신은 그 자리에 망연자실한 채 서 있다. 물론 당신은 평화와 고요만을 간절히 원한다. 그런데 기묘하게도 그 소란을 몇 시간 참다보니 반갑지 않은 그 손님들에게 익숙해진다. 그들 대부분이 사실 당신이 가장 사랑하는 부모이고 형제이고 가장 친한 친구들이니 말이다.

하지만 그들이 오래 머물수록 당신은 점점 더 지쳐간다. 그들의 말, 의견, 생각에 휩쓸리고 휘둘린다. 그리고 난간에 선 고양이처럼 겁에 질려 머뭇거린다. 나만의 공간이 있다면 얼마나 좋을까? 여기서 벗어날 수만 있다면, 다시 앞으로 나아갈 수만 있다면.

삶은 길고 거대한 강이다. 늘 앞으로 흘러가며 사랑하고 연결하고 확장할 새로운 기회를 펼친다. 하지만 삶과 함께 흘러가고 싶다면 우리를 한 발짝도 나아갈 수 없도록 어둡고 질척한 강둑에 메어놓는 과거에서 벗어나야 한다.

다시 파티로 돌아가자. 우리 가슴과 머리에 들어와 살게 된 원치 않는 손님들과 평화롭게 지내는 법을 찾아야 한다. 고요한 의식의 차원으로 깨어나야 한다. 모든 목소리를 알아차리는 상태로 나아가야 한다. 우리가 멍청한 바보이고 존중받을 자격조차 없다고 말하는 목소리는 물론, 우리가 옳고 다른 사람들이 모두 틀렸다고 하는 목소리도 알아차려야 한다.

어떻게? 우리 내면 속 얼어붙은 시간에 살고 있는 상처받은 아이를 치유하면 그렇게 할 수 있다. 지금은 그 시끄러운 무리가 이 아이의 울부짖음을 묻어버리고 있다. 과거의 단단한 손아귀, 그 힘을 빼려면 영적인 비전을 단단히 견지해야 한다. 그래야 우리 안의 얼음이 녹고 그 단단한 손아귀에서 벗어날 수 있다. 그렇게 벗어나야 우리는 현재에 살 수 있고 애쓰지 않아도 미래로 나아갈 수 있다.

그렇게 되면 돌아갈 이유가 없다. 삶이 거대한 강처럼 더 큰 바다로, 더 큰 질서로, 더 큰 행복으로 흘러가며 확장되기 시작한다.

이제 시작해보자. 멋진 고급 레스토랑에 들어가다가 발을 헛디뎌 넘어졌다. 순간 레스토랑에 정적이 감돌며 모두가 당신을 본다. 창피해서 당신은 얼굴이 벌게진다. 멋지게 보이려 했는데 발 한번 잘못 디뎌 온 세상에 그 마음이 탄로가 나고 말았다. '너는 여기 오면 안 되는 사람이야. 그 사실은 너 빼고 여기 사람들 다 알고 있어.' 일어나 옷에 묻은 먼지를 털고 한참이 지나도 그 일이 마음에서 떠나질 않는다. 어디 아픈 곳 하나 없지만 화가 나는 마음은 가실 줄을 모른다. 삶이 마련해준 또 다른 경험이 눈앞에 있건만 혼란스런 생각의 소용돌이 속에서 헤매느라 정신이 없다. 시끄럽게 싸워대는 당신만의 내면 속에 빠져 허우적대기 바쁘다.

이제 당신이 막 걸음마를 배우는 행복한 아기라고 상상해보자. 넘어지면 무릎이 아프고 그래서 운다. 하지만 아픈 게 사라지면 눈에 뭔가 또 다른 것이 들어온다. 눈물이 채 마르기도 전에 이미 다른 일을 맞이할 준비가 되어 있다. 언제 아팠냐는 듯이.

기뻐할 줄 아는 행복한 아이의 아름다운 의식 상태가 바로 그렇다. 새들이 하늘에 날아간 흔적을 남기지 않듯, 과거도 고통의 흔적을 남기지 않는다. 의식은 백지 상태로 다음 경험을 맞이할 준비가 되어 있다.

행복한 아이와 상처 입은 아이는 단순히 우리 안에 있는 과거의 기억들이 아니다. 이 두 아이는 알게 모르게 우리가 앞으로 경험할, 존재의 아름다운 상태와 고통의 상태를 뜻하기도 한다.

누구나 인생에서 행복한 아이였던 때가 있다. 누구나 불행도 두려움도 모르던 때가 있다. 행복한 아이일 때 당신은 실수를 두려워하지 않는다. 자기 세계에 빠져 헤어나오지 못하는 비참한 신세가 아니다. 당신은 아름답게 미소 짓고 행복하게 웃으며 자유롭게 울고 깊이 사랑한다. 삶이 단순해진다. 그리고 아름다운 운명을 향해 나아가겠다는 흔들림 없는 결심이 있다. 이런 결심이라면 자꾸 반복할 필요도, 자꾸 다짐할 필요도 없다. 이제 당신은 일이든 관계든 더는 대충 하지도, 가볍게 여기지도 않는다. 이 행복한 아이는 상쾌할 정도로 순수하고 눈부실 만큼 솔직하다!

조회 수가 1억1천4백만 번에 달하는 유튜브 영상(https://www.youtube.com/watch?v=E8aprCNnecU)이 하나 있다. 한 어린 남자아이가 엄마에게 사랑과 쿠키에 대해 말하는 내용의 영상이다. 아이는 엄마에게 엄마를 사랑하기는 하지만 엄마를 늘 좋아하지는 않는다고 말한다. 엄마가 쿠키를 줄 때만 좋아한다고 한다!

너무 어려서 기억을 못 하지만 우리 모두 그런 행복한 아이였다. 누구나 그런 단순한 상태로 살았던 적이 있다. 우리는 모두 우리를 행복하게 한다고 믿는 것을 좋아하고 우리를 괴롭게 한다고 믿는 것을 싫어했다. 행복한 아이의 아름다운 상태에서는 우리 감정이 '옳으냐' '그르냐'는 중요하지 않다. 둘 다 실재하는 우리 감정일 뿐이다. 그런 감정을 판단하는 법을 아직 배우지 않았으므로 우리는 행복했다.

그렇다면 무엇이 그런 행복한 아이를 사라지게 하는 걸까? 그리고 왜 상처 입은 아이가 그 자리를 차지하는 걸까? 우리는 모두 잘 알고 있다. 행복한 아이가 세상을 솔직하게 평가할 때 어떤 일이 벌어지는지. 행복한 아이가 순진하고 대담한 말을 하면 어른들은 빙그레 웃는다. 그리고 우리 부모, 삼촌 혹은 이모/고모는 좋은 의도로 그 행복한 아이에게 이렇게 말한다.

"그렇게 말하면 착한 아이가 아니란다. 착한 아이는 항상 부모를 사랑하지. 그리고 채소도 잘 먹고 숙제도 잘 한단다."

의도가 아무리 좋았다 하더라도 이런 말은 아이의 마음속에 의심과 혼란의 씨앗을 심어주고 심지어 아이가 자신을 부끄럽게 여기게 만든다. 아이의 내면은 바뀌지 않는다. 아이는 여전히 자기가 좋아하는 것을 주는 부모를 좋아한다. 그리고 더 좋은 장난감을 가진 친구를 질투하고 숙제는 여전히 따분하다고 생각한다. 하지만 이제 아이는 그렇게 느끼는 것을 부끄러워한다. 세월이 흘러 자라면서 그런 내면의 갈등은 더 커진다. 우리는 불만이 쌓여가는 아이를 보며 어른이 되는 자연스러운 과정이라고 말한다.

그런데 이런 존재의 고통의 상태가 사실은 부자연스러운 상태라면 어떨까? 마음껏 기뻐할 수 있는 아름다운 상태로 돌아갈 방법이 있다면 어떨까?

당신의 진정한 본성은 무엇인가

《우파니샤드》에 이런 이야기가 나온다.《우파니샤드》는 삶과 영성에 대한 위대한 지혜를 모아 놓은 고대 인도의 문헌이다.

숲에 새끼를 밴 암사자 한 마리가 있었다. 이 사자는 극심한 굶주림과 출산의 고통을 함께 느끼고 있었다. 그런데 갑자기 길을 잃은 어미 양이 새끼들 몇 마리와 함께 나타났다. 굶주린 어미 사자는 그 양의 무리를 덮치려 했지만 그 순간 새끼 사자가 태어났고 어미 사자는 죽고 말았다. 어미 양은 새끼 사자를 자기 새끼인 양 보호했다. 새끼 사자는 새끼 양들 틈에서 자신이 양인 줄 알고 양처럼 울고 양처럼 풀을 뜯어 먹으며 자랐다.

불편하고 어색했지만 어린 사자는 양 형제들을 따라하려 애썼다. 가장 높은 나뭇가지에 있는 부드러운 어린잎을 뜯어 먹으려고 목을 뻗었고 신선한 풀을 먹기 위해 산길을 걸으며 형제자매가 하는 대로 따라하려고 필사적으로 노력했다.

하지만 커가면서 어린 사자는 큰 슬픔에 빠졌다. 어쩔 수 없이 뭔가 다른 것을 원했고 뭔가 더 원했다. 그러던 어느 날 오후, 어린 사자는 멀리서 사자 한 마리가 포효하는 소리를 들었다. 어린 사자는 어미 양에게 달려가 물었다.

"나도 언젠가 저 사자처럼 포효할 수 있어요?"

"저건 사자야. 사자는 이 숲의 왕이잖니. 너는 그냥 양일 뿐이란다."

이렇게 말하더니 어미 양은 체념한 듯 덧붙였다.

"우리 같은 양들은 조심조심 착하게 살아야 해. 그게 우리 인생이야. 허튼 꿈일랑 버리는 게 좋을 거다. 넌 아직 풀 뜯는 법도 제대로 배우지 못했잖니. 네 형제들하고 친하게 지내는 법부터 배우렴. 그리고 철 좀 들고 말이야."

어디서 많이 들어본 말 같지 않은가? 어쨌든 누구나 감정적으로 타협하며 살라는 충고를 받지 않는가? 그리고 두려움, 외로움, 스트레스 속에서 살아도 괜찮고 누구나 그렇게 산다고 믿게 되지 않았는가? 마음속 감정은 무시하고 매일매일 해야 할 일을 해나가는 게 좋은 거라고 듣고 그렇게 믿지 않았냐는 말이다. 어릴 적 그 모든 감정의 경험 중에서 부모 혹은 부모 역할을 한 사람으로부터 경험하는 감정들이 자아를 형성하는 데에 가장 큰 영향을 끼친다. 이들로부터 처음으로 사랑, 배려, 공감, 교감, 기쁨 같은 감정을 배우기 때문이다.

그리고 부모에게서 거부, 실망, 외로움 같은 감정도 처음으로 배운다. 이런 유아기의 감정이 우리의 습관적인 의식 상태가 되어 느끼는 법, 우리 자신을 경험하는 법 그리고 다른 사람과 관계하는 법에 영향을 준다.

멋진 부모 밑에서 행복한 유년기를 보낸 사람도 있고 불행한 유년기를 보낸 사람도 있다. 유년기의 환경이 전반적으로 어떠했든 아주 작은 거절이나 버려졌다는 느낌조차 아이에게는 깊은 상처로 남을 수 있다. 이런 상처를 무시해서는 안 된다. 아이가 받는 상처는 그 파장이 길고 깊기 때문이다. 그리고 그 상처가 상처 입은 아이의 의식 상태를 부르는 근간이 되기 때문이다.

우리는 때때로 어린 시절에 느꼈던 분노나 상처를 어리석은 것으로 혹은 현재의 삶과 상관 없는 것으로 치부한다. 이제 더는 어린아이가 아니고 독립적이고 강하고 책임감 있는 성인이라고 생각하기 때문이다.

하지만 집착하는 자아 이미지 혹은 보기 좋은 허울을 잠시 벗어 던지면 진정한 우리 자신을 보게 될 것이다. 고통스러웠던 과거가 우리 의식에 남긴 진정한 파장을 깨닫게 될 것이다. 그리고 어린 시절의 감정적 경험을 현재 고통의 의식 상태에서 그대로 되풀이해왔다는 진실을 보게 될 것이다. 이 진실을 용기 있게 볼 수 있을 때 그것에서 벗어날 수 있다.

지금으로부터 약 130년 전에 살았던 인도의 성자, 슈리 라마크리슈나Sri Ramakrishna는 괴로운 의식의 습관적 상태가 어떤 파장을 일으키는지 알려주고자 다음과 같은 이야기를 하였다.

어느 날 두 여인이 함께 물건을 팔려고 시장에 갔다. 한 명은 꽃을 팔고 다른 한 명은 생선을 팔았다. 시장에서 돌아오는 길에 폭우가 쏟아졌다. 서로 친구이기도 한 이 두 여인은 가까운 곳에 있는 꽃 파는 여인의 집에서 하룻밤 같이 자기로 했다.

그런데 생선 파는 여인은 잠을 이룰 수가 없었다. 그 이유를 생각하던 생선 파는 여인의 눈에 근처에 놓인 꽃바구니가 들어왔다. 여인은 씨익 웃으며 꽃바구니를 멀리 치우고 그 자리에 냄새나는 생선 그릇을 가져다 놓았다. 그리고 심호흡을 한 번 하고는 즉시 깊은 잠에 빠져들었다.

아름다운 상태이든, 불편한 상태이든, 우리가 겪어온 의식 상태는 우리의 자연적인 기질로 자리 잡게 된다. 습관적인 감정에 거듭 굴복할 때 뇌 속에서 흥미로운 과정이 시작된다. 신경심리학자 릭 핸슨Rick Hanson은 뇌를 두개골 안에 있는 두부같이 물렁한 조직이라고 했다. 이 조직은 뉴런이라 불리는 1천억 개가 넘는 신경세포와 신경교라고 불리는 1조 개의 지지세포와 최소 100조 이상의 신경 연결망으로 이루어져 있다.

우리가 의식하든 의식하지 않든, 생각과 감정은 이 신경세포들 사이를 전기가 통하듯 믿을 수 없이 빠른 속도로 옮겨 다닌다. 뇌는 본래 그 성질이 바다처럼 유연하므로 각각의 생각 혹은 감정은 뇌의 바다에 별 흔적을 남기지 않고 파도처럼 흘러 다닌다.

하지만 같은 생각을 거듭하면 마치 밀물과 썰물이 결국 해안선의 모양을 바꾸듯 신경세포의 연결이 견고해진다. 부모와 자연으로부터 어떤 뇌를 받았든 당신 뇌를 조각하는 주체는 바로 당신이다.

습관적인 생각과 거듭되는 감정으로 말이다.

여기서 잠시 멈추고 심호흡을 합니다. 횡격막 깊숙이 숨을
들이마시고 배가 밖으로 조금 부풀어오르게 합니다. 그리고
숨을 내쉬며 폐 속의 모든 공기를 내보냅니다. 같은 방식으
로 몇 번 더 심호흡을 합니다.

지난 1년 동안 당신은 대체로 어떤 의식 상태에 있었나요?
그 의식 상태가 남은 생애 당신의 정신적·감정적 상태의 기
준점이라면 어떨까요? 당신은 행복한 사람이 되겠습니까,
불행한 사람이 되겠습니까? 진실을 보기 바랍니다.

당신 자신에 대해 보이는 것을 억지로 바꾸려 하지 마세요.
긍정적이려고 억지로 노력하는 것은 진실에서 도망치는 일
입니다. 그렇게 하면 일시적으로 기분이 좋아질 수는 있지
만 바꾸고 싶다는 욕구만으로 내면의 상태가 바뀌지는 않습
니다. 조금씩 '관찰하는 뇌'로 바꾸어갈 때, 그때만이 진정
한 변형이 일어납니다.

오늘 당신의 상태를 계속 알아차리려고 노력해보세요. 고요
하고 즐겁고 아름다운 상태에 비해 얼마나 자주 스트레스
상태를 경험하나요?

그냥 알아차리세요. 알아차리기만 하세요.

상처 입은 아이의 반응

당신 자신에 대해 무엇을 발견했든 좋다. 그 발견이 기존의 뇌신경 세포의 연결을 끊는 데 도움이 될 테니까 말이다. 상처 입은 아이의 스트레스 가득한 감정 상태를 부르는 바로 그 연결들 말이다.

신경과학 연구가 밝힌 것에 따르면 쓰지 않는 뇌의 회로는 약해지게 마련이다. 그리고 고맙게도 인간의 뇌는 신기한 창조물이라서 단 몇 분 안에 아름다운 의식 상태를 위한 신경회로를 만들기도 한다. 그리고 잘 관리하면 인생에서 무슨 일을 겪든 자연스럽게 아름다운 상태로 돌아가는 뇌를 유지할 수 있다.

모든 사람의 내면에는 상처 입은 아이가 살고 있다. 이 아이는 과거의 한순간에 붙들린 채 당시 느낀 고통스러운 경험을 거듭하며 살고 있다. 그리고 살면서 실망의 순간이 다가올 때 이 아이가 우리를 지배한다. 이때 우리는 사랑받지 못하는 아이처럼 자신이 가치 없다고 느낀다. 결코 인정받지 못하는 아이, 마치 버림받은 것 같다.

우리는 이미 어른이 되었지만 이 상처 입은 아이는 괴로운 존재 상태로 우리 의식 속에서 여전히 살고 있다. 세월이 흐르고 어른이 되고 삶의 환경이 바뀐다면 예고 없이 툭툭 튀어나오는 이 불편한 내면의 존재 상태가 사라질까? 실망의 순간이 오면 우리는 결국 어릴 때처럼 반응하지 않을까? 옛날의 그 느낌으로 돌아가지 않을까?

페이스북을 둘러보다가 당신만 빼고 친구들이 어떤 일을 함께했다는 사실을 알게 된다면 어떤가? 그 순간 어릴 때 부모님이 당신만 빼놓고 형제들을 데리고 영화관에 갔을 때 느꼈던 감정을 똑같이 느끼지 않는가? 아니면 아버지가 어머니에게 자주 화를 냈다고 하자. 그럴 때마다 당신은 매우 화가 났다. 그리고 언젠가는 아버지에게 본때를 보여주리라 다짐했다. 이제 당신은 어떤 두 사람이 싸우는 모습을 볼 때마다 어릴 때 느끼던 그 분노의 감정을 똑같이 느끼지 않는가?

상처 입은 아이가 전면에 나서게 되면 우리는 마음의 문을 닫아버려 사랑도 신뢰도 하지 않게 된다. 이렇듯 이 상처 입은 아이가 모든 것을 주도함에도 훈련을 하지 않으면 이 아이를 알아차리기가 매우 어렵다. 상처 입은 아이는 이런 상황에서 괴로운 건 당연하고 어쩔 수 없는 것이라고 믿게 만든다. 하지만 불행을 부르는 것은 그 이유가 무엇이든 결코 당연하지 않고 모두 어리석다. 그런데 만약 상처 입은 아이가 울 때 귀기울여 들어준다면 어떻게 될까? 우리가 그 아이를 더 이상 아프지 않게 도와주면 어떨까?

상처 입은 아이의 두 얼굴

자야는 아름다운 가정을 일구었고 사회생활도 매우 성공한 여성이었다. 바라던 모든 것, 아니 그 이상을 이루었다. 무엇보다 학대를 일삼던 알코올 중독자 어머니 밑에서 끔찍하게 살았던 어린 시절과 비교하면 정말 대단한 성공을 이루었다.

어린 시절 매일매일은 악몽이었고 굶주린 배를 붙잡고 잠들기 일쑤였다. 그래도 자야는 몇 년 동안 어머니의 폭력을 참아내며 어린 두 동생의 구원자 노릇을 했다. 하지만 열두 살 즈음 더는 참지 못하고 집을 나왔다.

　그토록 공포스러웠던 어린 시절에도 불구하고 자야는 자신을 피해자로 보지 않았다. 오히려 그런 괴로웠던 과거를 자신의 강점과 장점으로 승화시켜 자신이 참아내야 했던 학대에 엄청난 의미를 부여했다. 남들보다 더 성공하려고 어린 시절이 불우했다고 생각했고, 회사에서도 틈만 나면 자신의 이야기를 나누는 것으로 팀에 동기부여를 했다. 그리고 이제 그 어떤 것도 자신의 인생을 두렵거나 불행하게 하지 못한다고 말하곤 했다.

　자야는 모든 게 잘 풀리고 있다고 생각했다. 하지만 사실 자야의 내면은 수십 년 동안 동요 상태였다. 우리 아카데미 집중 명상 프로그램에 참여하기 전까지는 말이다. 명상을 통해 내면으로 들어가던 중 과거의 고통이 한꺼번에 터져 나왔다. 눈물이 계속 흘렀다. 바로 그때 자야는 자신이 아무것도 모르고 있음을 깨달았다. 정말 아무것도 모르고 있었다. 자야는 사랑을 갈구하지 않을 정도로 독립적이고 자수성가한 여성이자 성숙한 어른이라는 가면을 쓰고 살았다. 하지만 그것은 가면일 뿐이었다. 자야는 어린 시절의 고통을 극복한 것이 아니다. 단지 어린 소녀로서 자신이 겪었던 그 모든 공포와 학대가 실은 어떤 큰 목적이 있어서라는 믿음으로 자신이 느끼는 괴로움을 미화했을 뿐이었다. 과거에 큰 의미를 덧붙이는 것으로 자신이 느끼는 비통함을 간신히 버텨냈을 뿐 그 비통함에서 진정 자유로웠던 적은 단 한 번도 없었다. 과거로 돌아가 그 경험을 재해석하려고 노력할 때마다 과거는 더 생생하게 되살아났다.

이미 지나간 과거이지만 자야는 그 죽은 과거를 편히 쉬게 둘 수 없었다.

자야는 엄청난 노력 끝에 남들이 부러워할 만한 권력과 위상을 얻었다. 하지만 그 바탕에는 분노하는 고통의 의식 상태가 깔려 있었다. 자야는 자신이 옳고 어머니가 틀렸음을 어떻게든 증명하고 싶었다. 괴로웠던 과거를 기억하는 동안 미친 듯 동요하는 내면을 본 자야는 사실은 변한 게 하나도 없음을 깨달았다. 단지 그렇다고 말하며 자신도 속이고 세상도 속여왔을 뿐이다.

자야는 살면서 내내 사랑 따위는 초월한 듯, 사랑받는 일에는 관심도 없다는 듯, 자수성가한 독립적인 사람의 이미지를 공격적으로 구축해왔다. 자신은 아무도 건드릴 수 없으며 삶이 어떤 문제를 던져줘도 살아남을 수 있다고 자신했다. 감정을 나약함의 표시로 치부하기까지 했다. 하지만 자야는 세월이 그렇게 흘렀음에도 상처 입은 자아가 그대로 남아 있음을 깨닫고 충격에 휩싸였다. 자야는 지금 자신의 삶이 어떤지 알아차리지 못했다. 그녀 존재의 중심에는 여전히 상처 입은 아이가 살고 있었다.

더는 주린 배를 쥐고 잠들지 않아도 되었지만 버림받았다는 느낌은 여전했다. 이런저런 자선도 베풀었지만 때때로 삶에 대해 자신도 모르게 분노했다. 자신에 대한 감정이 하나도 변하지 않았던 것이다. 그리고 자야는 어머니에 대한 그 모든 원한과 비통함을 새로 누군가를 사귈 때마다 그대로 가지고 갔다.

자야는 동반자와 교감할 줄 몰랐다. 동반자를 진정으로 사랑할 줄도 그의 사랑을 믿어줄 줄도 몰랐다. 그를 사랑하기 위해 열심히 노력하기는 했다. 아이들을 위해서도 어머니로서 책임을 다했다. 하지만 훈계만 일삼는 것 외에는 어떻게 아이들을 사랑해야 할지 몰랐다. 아이들이 최고의 교육을 받고 좋은 직업을 가질 수 있도록 적극 지원했지만 그게 전부였다.

자야는 팀원들을 존중할 줄도 몰랐고 작은 실수만 봐도 불같이 화를 냈다. 그래서 직원들이 금방 떠나곤 했다.

깊은 명상을 통해 자야는 자신이 전혀 교감할 줄 모르는 사람임을 알게 되었다. 자야는 혼자였고 그 누구와도 교감하지 못했다. 교감을 못하는데 어떻게 다른 사람의 아름다운 상태를 보고 키워낼 수 있겠는가?

이제 자야는 필사적으로 성공하려고 애쓰거나 가면을 쓰는 대신 그녀 삶의 진실을 보았고 그러자 의식이 바뀌기 시작했다. 방사능 폐기물 같았던 자야의 어린 시절이 더는 그녀의 마음속에서 해로운 방사능을 발산하지 않게 되었다. 이제 자야의 어린 시절은 고요한 내면의 바다 속에 안착한 하나의 기억일 뿐이다.

우리 공동체의 또 다른 일원인 앤드루도 힘든 어린 시절을 보냈다. 앤드루는 아버지로부터 받은 상처가 너무 커 그를 미워하게 되었다. 하지만 앤드루는 그런 사실을 인정하고 싶지 않았다. 좋은 사람이라면 부모를 미워해서는 안 된다고 생각했기 때문이다.

'변형의 여정'을 하는 동안 마음을 열고 아버지와 연결하겠느냐고 묻자 앤드루는 격렬하게 거부했다. 나는 앤드루의 긴장도 풀어줄 겸 그렇다면 아버지를 더 완벽하게 미워할 수 있게 돕겠다고 했다.

긴 산책으로 숙고의 시간을 가진 앤드루는 자신이 계속 아버지와의 단절을 고수하면 남은 생 내내 지금까지와 같은 불만 속에서 살아가게 될 것 같다는 생각을 했다. 그날 앤드루는 자신이 사람들에게, 심지어 가장 사랑하는 사람에게 발산하곤 하던 분노와 아버지에 대한 감정 사이의 연관성을 처음 보았다.

그리고 앤드루는 점심에 외식하는 아주 간단한 일을 할 때도 아내에게 어떻게 대하는지 생각해보았다. 앤드루는 아내에게 "어디로 가고 싶어?"라고 물었다. 하지만 아내가 무슨 대답을 하든 앤드루는 짜증이 났다. 아내가 레스토랑 세 개를 대며 고르라고 하면 그는 그 세 개가 아닌 전혀 다른 곳을 골랐다. 아내가 "당신이 결정해"라고 하면 화를 냈다. 아내가 결정해도 화를 냈다. 아내가 무엇을 하든, 무슨 말을 하든 앤드루는 자신의 자유가 침해당하고 지배당한다는 느낌을 받았다.

앤드루는 이미 인생 절반을 자신에게 상처를 주며 보냈음을 깨달았고 나머지 인생은 그렇게 살고 싶지 않았다. 상처 입은 아이의 의식 상태가 가족과 일 모두를 사정없이 파괴하고 있었다. 산책에서 돌아온 앤드루는 그 맹렬한 증오와 쓰라린 상처에서 벗어나리라 결심했다.

나는 앤드루에게 꼭 아버지와 화해를 해야 마음이 치유되는 것은 아니라고 분명히 말해주었다. 아버지와 화해하고 안 하고는 먼저 스스로 자유롭게 된 후 결정할 문제였다. 아버지와의 화해가 너무 고통스럽거나 그의 정신적 건강과 가족의 행복에 해롭다면 그의 지성이 그러지 말기를 판단할 터였다. 내가 말하는 용서의 여정이란 내면의 상처 입은 아이를 치유하고 행복한 아이의 아름다운 의식 상태를 깨우는 여정이다.

용서하라고 해서 당신을 해롭게 했던 사람의 모든 나쁜 행동을 잊거나, 해를 끼치고 앞으로도 끼칠 그 사람과 계속 함께 살라는 뜻이 아니다. 용서는 당신을 해치는 모든 것으로부터 자유로워지는 것이다.

그날 저녁, 앤드루는 나와 함께 침묵 명상을 하며 깊은 의식 상태로 들어가 실망했고 갈망했고 괴로워했던 몇몇 기억들을 분명히 그리고 강렬하게 떠올렸다. 그리고 앤드루는 자신의 상처 입은 아이가 다른 사람의 인정을 받기 위해 세 가지 인격을 만들어왔음을 깨달았다. 첫째, 앤드루는 사람들이 자신을 좋아하게 만들기 위해 매력을 어필할 줄 아는 사람이 되었다. 둘째, 앤드루는 때로는 거침없이 돌진해 인정을 받았다. 마지막으로 앤드루는 감정적 드라마를 표출해 관심을 끌었다. 이 모든 행동의 목적은 단 하나였다. 그는 사랑과 인정에 목말라 있었다. 여러 다른 가면을 썼지만 그 가면 뒤에는 단지 사랑받고 보살핌을 받고 싶어하는 상처 입은 아이가 있었을 뿐이다.

앤드루는 이제 마음을 열게 되었고 그것이 최후의 진실로 향하는 길을 열어주었다. 자신이 왜 그 원한의 감정을 떠나보내지 못했는지에 대한 진실을 보게 된 것이다. 앤드루는 마음 깊은 곳의 분노를 떠나보내면 아버지가 저질렀던 그 모든 학대와 불의를 용납하는 것이라고 믿었다. 그럼 자신이 견뎌야 했던 그 오랜 세월의 고통과 모욕을 무시하는 것만 같았다.

그런 저항을 지혜의 눈으로 제대로 본 순간 앤드루는 마지막 장벽을 넘었다. 말라비틀어진 아몬드 깍지가 한 번에 떨어져 나가듯 모든 분노와 원한이 떨어져 나갔다. 자신의 진실을 보자 저절로 자유의 몸이 되었고 저절로 용서가 되었다.

마음이 고요해지자 앤드루는 그동안 자신의 인생에서 늘 거기 있었던 신성한 존재를 느꼈다. 자신이 사랑했고 무시했고 싫어했던 모든 사람이 그 존재의 일부였다. 심지어 그의 아버지조차 그랬다. 나중에 앤드루는 그 존재가 사랑으로 느껴졌다고 했다. 그곳에 있을 이유가 전혀 없음에도 늘 그곳에 있어준 사랑 말이다. 내면의 아이를 치유한 후부터 앤드루의 자동차 부품 회사도 꾸준히 성장했다. 예전과 달리 이제 앤드루는 사업 확장을 위해 새로운 사람을 만나는 데 거리낌이 없다. 예전에는 잠재 고객에게 거절당하는 것이 늘 두려웠다. 앤드루는 이제 상처받는 것이 두렵지 않다고 했다. 그러자 기묘하게도 세상이 그에게 더 친절해졌다.

자야와 앤드루 모두 삶이 매우 달랐다. 자야는 사랑 따윈 필요 없다던 크게 성공한 사람의 가면을 쓰고 살았다. 그래서 사랑을 받지도 주지도 못하는 사람이 되고 말았다. 교감하지 못하는 단절과 무심한 상태에 익숙해져 있었다.

앤드루는 늘 사랑을 찾아다녔다. 하지만 상처받은 아이의 괴로운 의식 상태를 외면했기에 자신을 사랑하는 사람들을 내치며 살았다.

이 두 이야기를 염두에 두고 당신은 당신 안의 상처 입은 아이를 어떻게 다루고 있는지 살펴보자.

당신도 상처 입은 의식을 외면하고 있지 않은가? 어린 시절이 그다지 나쁘지 않았다거나 과거에 집착하는 것이 의미 없다고 생각하고 있지 않은가? 아니면 괴로움과 스트레스를 영예로운 훈장처럼 달고 다니지는 않는가? 그것이 지금의 '나'를 만들었다고 믿으면서? 고통스러웠던 과거를 곱씹으며 기억하고 있지는 않은가? '내'가 옳다고 느끼게 해주기 때문에 분노를 정당화하면서? 혹시 그 상처의 기억을 모두 지워버렸는가? 하지만 그 과거의 느낌들이 계속 올라오지 않는가?

우리 모두, 각자 보이는 행동은 다 다를 수 있지만 사람은 누구나 때때로 상처 입은 아이의 의식 상태에 빠지기 마련이다.

여기서 잠시 멈추고 천천히 의식적으로 호흡을 세 번 합니다.
들숨보다 날숨을 더 길게 유지합니다.
당신의 어린 시절은 어떠했나요? 스트레스가 많았나요?
아니면 아름다웠나요?
당신의 과거가 여러 존재 상태로 당신의 현재로 흘러들어오는 모습을 단지 지켜보세요.

관찰자가 됩니다.

~~~~~~

마음속 흙탕물 진정시키기

우리 마음은 봉인되어 있지 않다. 내면의 상처 입은 아이를 치유하지 않으면 그 아이의 슬픔과 외로움이 우리가 만나고 교류하는 모든 사람에게로 흘러 들어간다. 그 고통이 다음 세대까지 이어질 수도 있다. 특히 무의식적으로 부모가 자식에게 상처를 품은 채 살아가라고 가르치면 더욱 그렇다.

그렇다면 이 고통에서 어떻게 벗어날 수 있을까? 자비심을 가져보자.

스스로에게 자비와 사랑으로 물어보자. '너는 정말 이것을 원하는가? 너는 정말 괴로운 상태에서 살고 싶은가?'

'나'에게 가장 큰 상처를 주는 사람은 바로 나이기 때문이다. 물론 10년, 20년 전에는 다른 누군가가 나에게 상처를 주었다. 하지만 지금 나를 괴롭히는 사람은 바로 '나 자신'이다. 그렇다. 당신은 상처 입은 아이의 상태에 익숙하고 심지어 그대로가 편하다고 생각할지도 모른다. 우리에게 상처를 준 사람에 대해 말하면 사람들이 공감해주니까 '내'가 정당해지는 것 같아서 자꾸 더 말하게 될 수도 있다. 자신이 얼마나 참았는지 말하며 기특해할 수도 있다. 하지만 그러면서 당신은 어떤 사람이 되고 있는가?

'당신은 어떤 상태에서 살고 싶은가?' 자신에게 이 질문을 솔직하게 그리고 용감하게 던져보자. 그럼 그런 괴로운 상태에서는 단 하루도, 단 한 시간도, 단 1분도 살고 싶지 않음을 깨달을 것이다. 과거의 고통을 떠나보낼 준비가 아직 안 되었다 싶을 수도 있다. 하지만 포기는 금물이다. 다시 괴로운 상태에 빠져도, 스트레스가 심하거나 외로워도, 상처를 떠나보내고 싶지 않아도 그런 자신에게 상냥하게 대하자.

잠시 상상해보자. 행복한 아이의 아름다운 의식 상태로 깨어난다면 어떨까? 다시 사랑하고 신뢰하게 된다면 어떨까? 상처받은 아이가 아무리 우리를 단단히 움켜잡고 있어도 현재에 그 모습을 드러내는 과거, 그 내면의 상태를 가만히 지켜보기만 해도 내면의 동요는 가라앉게 된다.

가만히 두면 흙탕물은 가라앉음을 반드시 기억하기 바란다. 과거의 상처를 무시하거나 혹은 여러 가지 특별한 의미로 미화해서는 치유되지 않는다. 마음은 내면의 상태를 목격할 때 비로소 치유된다. 그때 우리는 고요하고 아름다운 의식 상태로 깨어난다. 그리고 삶을 신뢰하기 시작한다. 주변의 에너지장이 바뀌면서 풍요롭고 윤택한 삶을 끌어오기 시작한다.

행복한 아이 상태라면 온 세상이 '내 것' 같다. 문화, 언어, 인종을 초월한 사랑과 소속감이 느껴진다. 세상 모든 사람과 한 가족이 된 것 같다. 세상 모든 사람과 친구가 된 것 같다.

새끼 사자 이야기를 기억하는가? 그 이야기를 처음 들었을 때

나는 세상에서 가장 슬픈 이야기라고 생각했다. 하지만 이제 결말을 바꿔보자. 해피엔딩으로 말이다.

어미 양이 새끼 사자에게 공상은 그만하라고 했을 때 새끼 사자는 엄마 말을 따랐을까? 물론 따랐다. 아직 새끼였고 새끼는 어미가 하는 말을 믿고 따르니까. 그리고 몇 년이 지난 어느 날 거대한 사자 한 마리가 그 양의 무리를 공격하려 했다. 그 거대한 사자를 본 어린 사자는 양들처럼 "매애." 하고 울며 도망가기 시작했다. 그 광경에 충격을 받은 거대한 사자는 그 어린 사자를 잡고 포효하며 말했다.

"너는 왜 양처럼 울면서 떨고 있니? 왜 내게서 도망치는 거지? 너는 사자가 아니냐? 정신 차려!"

어린 사자는 그 큰 사자의 말을 들으려고도 하지 않고 계속 "매애." 하고 울며 떨기만 했다. 큰 사자는 어린 사자를 강으로 끌고 가 물속에 비친 자신의 모습을 보게 했다. 큰 사자 옆에서 물에 비친 자신의 모습을 찬찬히 살피던 어린 사자는 믿을 수 없는 힘이 솟구치는 걸 느꼈다. 그리고 자신에게 힘이 내재되어 있다는 사실을 깨닫고 크게 포효했다. 그 포효가 온 숲에 울려 퍼졌다. 그 순간 정글의 모든 동물이 숨을 죽였다.

당신은 이 어린 사자와 같다. 아름다운 상태의 힘, 그 의식의 진정한 힘을 깨울 때 당신 인생의 모든 것이 바뀌기 시작한다. 어린 사자의 포효로 숲속 모든 동물이 숨을 죽인 것처럼 막 깨어난 당신의 포효가 그 모든 내면의 혼란을 잠재울 것이다. 그리고 이것은 시작에 불과하다.

소울 싱크 연습
상처 입은 아이 치유하기

소울 싱크 연습을 이용해 상처 입은 아이 상태에서 행복한 아이 상태로 거듭나는 법을 알아보자.

연습을 시작하기 전에 당신이 자비심을 느낄 수 있게 해달라고 우주에 부탁해보자. 아니면 스스로 자비심을 갖겠다고 결심하는 것도 좋다. 과거의 고통을 떠나보낼 준비가 채 되지 않았다고 느낄 수도 있다. 그래도 괜찮다. 도와달라고 울고 있는 작은 아이를 대하듯, 자신에게 인내심을 갖기 바란다. 이제 앞에서 배웠던 소울 싱크 중 5단계를 하나씩 진행한다.

1. 의식적으로 여덟 번 심호흡을 한다.
2. 의식적으로 여덟 번 심호흡을 하되 날숨을 쉴 때 허밍을 한다.
3. 의식적으로 여덟 번 심호흡을 하되 들숨과 날숨 사이 잠깐 멈추어지는 순간을 관찰한다.
4. 의식적으로 여덟 번 심호흡을 하되 '아-함' 혹은 '나는 무한 의식이다'라고 속으로 조용히 읊조린다.
5. 의식적으로 여덟 번 심호흡을 하되 당신 몸이 빛으로 확장된다고

상상한다.

이제 여섯 번째 단계로 나아간다. 내면이 상처 입은 아이에서 행복한 아이로 나아감을 느껴본다. 사랑하고 신뢰하고 교감할 줄 아는 아이라면 어떨지 상상해본다.

이제 천천히 호흡하며 황금색의 따뜻한 빛이 가슴을 가득 채우는 모습을 상상하고 느껴보라. 당신은 이제 가슴에서 깨어나는 사랑을 느낀다. 내면의 아이가 웃으며 행복한 아이로 바뀌는 것을 느낀다.

당신 자신과 당신의 삶에 미소를 보내라. 처음에는 미소를 의식적으로 지어야 할 수도 있다. 하지만 시간이 지나면 아무런 노력 없이도 기쁨의 아름다운 미소가 저절로 지어질 것이다.

두 번째

_____신성한 비밀

_____인생 여정

과거에 집착하고 있나요?
혼란스러운 미래를 예측하고 있나요?
아니면 현재에 있나요?

두 번째 신성한 비밀
내면의 진실 발견하기
by 프리타지

누구나 훌륭한 사람이 되기를 열망한다. 훌륭한 부모, 멋진 파트너, 유능한 전문가, 뛰어난 운동선수, 멋진 재력가, 창조적인 사회운동가가 되고 싶다. 하지만 나는 우주가 우리를 통해 그 어떤 위대함을 구현하려면 반드시 우리 의식이 먼저 만개해야 한다고 확신한다. 그리고 진정한 변형은 내면의 진실과 함께하는 삶에서만 가능하다.

내면의 진실에 부응하지 않는 영적 성장은 한낱 아름다운 이상만 추구한 것에 지나지 않는다. 언어 속에서 길을 잃은 본질 없이 공허한 시와 같다.

두 번째 비밀을 탐구하기 위해 인도의 국부인 간디가 평범한 간디에서 '마하트마 간디'로 변모한 순간에 대한 이야기를 한번 해보자. 마하트마는 '위대한 영혼'이란 뜻으로 간디에게 이 수식어를 붙인 것만 보아도 인도가 이 사람을 얼마나 존경하는지 짐작할 수 있다.

그는 인류 역사에 한 획을 그은 사람이자 비폭력, 무저항의 상징이며, 약한 자가 어떻게 강한 압제자를 이길 수 있는지 잘 보여준 스승이다. 1893년, 젊은 변호사 간디는 풍운의 꿈을 안고 남아프리카공화국으로 건너갔다. 그리고 도착하자마자 소송 문제로 더반에서 프리토리아로 떠나야 했다. 간디는 우편으로 일등석 표를 사두었다. 그런데 백인 검표원이 간디를 유색 인종 '쿨리(coolie: 19~20세기에 중국인, 인도인 이민자 막노동꾼을 비하하여 부르던 말. 고된 일이란 뜻의 중국어 '쿠리苦力'에서 나왔다고도 하고, '막노동꾼'이란 뜻의 힌두어 '쿨리Quli'에서 유래했다는 설도 있다 — 옮긴이)'라고 모욕하며 짐을 들고 삼등석 칸으로 가라고 명령했다. 간디는 정당하게 구입한 표가 있었으므로 끝까지 이동을 거부했다. 그러자 검표원은 피터마리츠버그의 한 간이역에 열차를 세우고 간디를 차가운 승강장 밖으로 인정사정없이 내몰았다.

당시 역사적인 사실은 생략하고, 모욕과 추위에 떨었던 간디의 내면에 대한 이야기를 해보자. 이제, 이 가장 결정적인 첫 번째 의식의 변형 경험에서 간디에게 일어난 일을 크리슈나지와 내가 어떻게 해석하는지 보여주려 한다.

모욕감에 치를 떨던 간디에게는 몇 가지 선택권이 있었다.

첫째, 남아프리카공화국에서 변호사로 성공하겠다는 계획을 미련 없이 던져버리고 발끈한 채 인도로 돌아간다. 둘째, 그 이전에 수많은 이들이 그랬듯 모욕감을 참아가며 어떻게든 돈을 벌어 성공한다. 셋째, 남아프리카공화국에 남아 분개하며 그 검표원을 어떻게든 다시 찾아내 개인적으로 복수한다. 아니면 대영제국에 대항해 분노를 표출하며 저항한다.

간디는 네 번째를 선택했다. 분노와 수치심의 괴로운 의식 상태를 관찰하여 해소한 뒤 고요를 되찾고 자신의 그런 개인적인 경험에 비추어 매일 억압에 고통당하던 다른 수많은 인도인들을 느꼈다.

간디가 남아프리카공화국에서 행해지던 공공연한 불평등에 맞서 비폭력 저항을 시작한 것은 대영제국에 대한 개인적인 증오심 때문이 아니라 동족에 대한 깊은 자비심 때문이었다. 그날 그렇게 간디는 자신의 내면의 진실과 처음 크게 대면했고, 54년 후 3억 9천만 국민의 인도를 그 어떤 폭력과 유혈사태 없이 대영제국으로부터 독립시켰다. 그것은 아름다운 의식에서 이룬 싸움이었다. 이 이야기를 생각하며 두 번째 신성한 비밀로 직진해보자.

세상에는 큰일을 하려면 계획과 전략을 잘 세우고 경쟁자의 계획과 전략을 미리 알고 그들보다 앞서가야 한다고 믿는 사람이 많다. 그런데 그런 우리가 틀렸다면? 큰일을 이루기 위해 처음 해야 할 일이 전략 짜기가 아니라면? 진짜 위대한 일은 사실 멈춤과 함께 시작된다면? 그러니까 우리 내면의 진실과 깊은 관계부터 형성해야 한다면?

내면에서 진짜 무슨 일이 일어나고 있는지 모르는 사람이 많다.

그리고 무엇보다 내면의 진실을 알아차리는 데 기본적인 실수를 많이 한다. 예를 들어 내면의 스트레스를 열정으로, 걱정을 사랑으로, 화를 영감으로, 두려움을 지혜로 착각한다. 내면의 상태가 어떤지 분명히 보게 되면 사람들은 대부분 충격을 받는다. 논리적으로 현명하지 못한 줄 알면서도 스트레스 가득한 감정을 붙잡고 있었음을 보고 놀라곤 한다. 불편한 상태에 그동안 너무 익숙해 있었음을 본다. 그것에서 벗어나는 법을 몰랐거나 다른 존재 방식을 상상할 수 없었기 때문이다.

자신의 감정을 잘 알아차리지 못하면 고통의 상태를 동기부여로 삼거나 똑똑한 상태로 착각하기 쉽다. 예를 들어 분노나 스트레스가 있어야 앞으로 나아갈 수 있다고 생각하는 사람들이 있다. 분노나 불안을 하나의 수단으로 삼은 것이다. 그런 상태에서 무언가를 성취한 적이 있다면 특히 분노에 중독되고 좌절감에 의존하기 쉽다. 그런 분노나 좌절감이 있어야 무언가를 성취하고 성공하고 창조할 수 있다고 믿으니 말이다.

걱정에 중독된 사람도 많다. 사랑하는 사람의 건강, 미래, 혹은 성공에 집착하는 것만이 이들이 사랑을 보여주는 유일한 방법이다. 많은 가정에서 실제로 부모가 자식에 대한 사랑을 이런 식으로 표현한다. 그리고 바로 그래서 그 자식들도 그들의 파트너, 친구, 자식에게 그렇게밖에 자신의 사랑을 표현하지 못한다. 이것 또한 고통의 의식 상태이다.

또 자신의 내면 상태보다 타인의 내면에 더 집중해야 한다고 배운 사람들도 있다. 그들은 타인이 불만을 표출하지 않아도 일단 본능적으로 자기 자신보다 타인을 먼저 이해하려고 한다. 세심한 사람처럼 보일 수도 있지만 자신과 먼저 연결하지 못하면 타인과도 절대 교감할 수 없다.

이런 의식 상태가 내면을 지배한다면 어떤 일이 일어날까? 어찌어찌 성공은 할 수도 있지만 그 여정이 결코 순탄하지 않고 따라서 결국 큰 대가를 치러야 한다. 예를 들어 성공하기 위해 적을 만들거나 건강을 해칠 수 있고 성공을 즐길 수 없게 될 수도 있다. 주변 사람이 삶을 즐기는 것도 허락하지 못한다. 스트레스와 불안이 동기부여가 된다고 믿기 때문에 나만이 아니라 가족이나 회사 팀원들에게도 스트레스를 준다. 우리 사회는 분명 '젊어서 고생은 사서도 한다'는 둥, '고생이 성공의 열쇠'라는 둥의 말을 끝없이 주입한다. 우리는 '고뇌하는 예술가'나 '온갖 역경을 딛고 최고의 자리에 오른 지도자'를 얼마나 존경하는가? 하지만 고뇌와 고난이 이들의 성공과 아무 상관이 없다면 어떨까? 아니, 사실 고뇌와 고난으로 인해 우리의 수많은 영웅과 천재 들이 자신의 위대한 성취를 제대로 만끽할 수 없다면 어떨까? 사실 이 사람들을 위대함으로 이끈 것은 '고통 없는 자유'이고 그런 사실을 아무도 모른다면 어떨까? 그렇다면 내면의 진실은 무엇인가?

내면의 진실: 어둠 속 한 줄기 빛

내면의 진실은 당신이 누군가에게 하는 고백이 아니다. 정직한 연설로 밝히는 정책도 아니다. 내면의 진실은 그보다 훨씬 더 깊고 훨씬 더 강력하다.

내면의 진실은 알아차림이고, 알아차림 그 이상이다. 내면의 진실은 당신 안에서 일어나고 있는 일을 판단 없이 관찰하는 것이다. 동시에 당신은 괴로움에 대한 두 개의 통찰을 깊이 숙고한다. 바로 빅베어 호에서 크리슈나지가 깨달은 그 통찰이다. 이 말할 수 없이 강력한 두 통찰이 마치 어둠 속 손전등처럼 작동하며 당신 내면의 진실을 비추고 고통의 손아귀에서 당신을 빼내줄 것이다.

첫 번째 통찰은 우리에게 있을 수 있는 존재 상태는 단 두 개뿐이라는 것이다. 우리는 고통의 존재 상태에 있을 수도 있고 아름다운 존재 상태에 있을 수도 있다. 세 번째 존재 상태는 없다.

두 번째 통찰은 괴로움을 부르는 모든 상태는 자기 집착 때문에 지속된다는 것이다. 이제 우리 아카데미에 온 한 학생에 대한 이야기를 짧게 들려주겠다.

이 이야기는 이 학생이 어떻게 내면의 진실로 향한 여정을 시작했는지 잘 보여준다. 내면의 진실과 만나는 우리의 경험은 대부분 마하트마 간디처럼 대단히 역사적인 일은 아니다. 하지만 그럼에도 이 두 번째 신성한 비밀과 함께 살아갈 때 우리 삶의 모든 측면이 어느 정도 비범함을 발휘하게 된다.

크리스티나와 리가 우리 아카데미 캠퍼스 식당에서 저녁을 먹고 있었다. 대화 주제는 '괴로움'이었다.

"괴로움은 선택이에요."

살면서 수많은 어려움을 극복해온 비즈니스 우먼, 크리스티나가 말했다. 그러자 평생 가난한 사람을 변호해온 공동체 지도자 리가 말했다.

"에어컨 있는 방에서 부자들과 앉아서 그들의 향수 냄새나 맡는 너 같은 사람은 그렇게 말할 수 있겠지!"

모욕을 느낀 크리스티나는 식당을 나가버렸다. 그날 저녁 다시 만난 크리스티나는 기분이 한결 좋아보였다. 그래서 나는 무슨 일이 있었는지 물었다.

"리를 이해했어요. 그녀가 어떤 일을 하는지 알잖아요."

크리스티나가 대답했다.

"이해하면 괴롭지 않아요. 그래서 기분이 한결 좋아졌고요."

"오늘 그걸 깨달으셨군요, 크리스티나."

내가 말했다.

"그런데 오늘 저녁에 누군가가 리가 사실은 아주 오만한 사람이라는 분명한 증거를 제시하면 어떨까요? 그럼 어떤 느낌이 들겠어요? 다시 화가 나고 악감정이 생길까요? 어떨까요? 당신이 타인을 이해하는 것만으로는 진정으로 '자유로울 수' 없어요. 당신의 자유는 자신의 내면의 진실에서 찾아야 해요. 먼저 리 때문에 기분이 나빠졌을 때 당신이 어떤 상태였는지 알아차리는 것부터 시작해야 해요. 아까 식당을 나갔을 때 정확히 어떤 상태였나요?"

"괴로운 상태였죠. 모욕을 느꼈고 충격도 받았어요. 그리고 그 모욕과 충격이 조금씩 분노로 바뀌었죠."

크리스티나가 말했다.

"그 상태의 당신을 좀 더 자세히 관찰해봐요. 그 순간 어떤 생각이 흘러갔죠?"

몇 분 생각하더니 크리스티나가 말했다.

"저는 화가 났어요. 몇 달 전에 리의 딸이 아팠는데 그때 제가 경제적으로 도움을 주었거든요. 그런 저를 어떻게 다른 사람들 앞에서 모욕할 수 있죠? 제 호의를 실컷 다 누려놓고는 고마운 줄도 몰라요! 앞으로는 사람을 제일 조심하고, 보이는 그대로 믿지 말아야겠다는 생각이 들더군요."

"크리스티나, 잠깐 멈춰봐요. 그리고 관찰해봐요. 거기서 당신이 느끼는 감정이 모욕이든, 충격이든, 혹은 분노든, 그 스트레스 상태가 계속되는 건 당신의 자기 집착 때문이 아닌가요? 그 괴로운 순간에 자기 집착의 진실을 볼 수 있다면 그 괴로움은 자연스럽게 사라질 겁니다."

그때부터 크리스티나는 내면의 진실로 향한 여정을 시작했다. 타인을 이해하려 노력하는 것이 잘못되었다는 말이 아니다. 하지만 내면의 진실을 알아가는 것과 타인을 이해하는 것은 다르다. 바로 이 점이 다른 많은 자기계발법과 이 신성한 '내면의 진실 보기'의 큰 차이점이다. 마음이 불편하다고 느낄 때 무언가를 바꾸려 하지 마라. 그 어떤 설명으로 정당화하려 하지 마라. 그리고 비난도 하지 마라. 당신 밖에서 그 어떤 이유를 찾아내고 싶은 유혹에 넘어가지 마라. 자기 집착의 습관 때문에 그런 내면의 상태가 지속되고 있음을 깨닫자. 괴로운 상태에서 그 문제를 자꾸 곱씹을 때 당신은 그 문제를 풀려는 것이 아니다. 단지 당신 자신에게 집착하고 있는 것이다. 하지만 그러고 있는 자신을 계속 알아차릴 수 있다면 진실의 힘이 당신을 위해 행동을 개시할 것이다. 그럼 삶에서 싱크로니시티를 보여주는 심지어 더 위대한 사건들이 펼쳐지기 시작한다.

감정을 바꾸는 것만이 능사는 아니다. 우리의 내면은 신기하게도 억지에 굴복하지 않는다. 불안감 혹은 외로움을 억지로 없애거나 속일 수는 없다. 우리는 내면에서 일어나는 일을 수동적으로 관찰할 뿐이다. 바로 그 관찰 과정이 괴로운 상태의 흐름을 깰 것이다. 그러면 스트레스 상태가 눈 녹듯 사라지고 그 자리를 아름다운 고요 혹은 기쁨이 대체할 것이다. 싸우고 조작하거나 조종하는 대신 당신의 상태를 목격하기만 하면 된다. 그러면 그렇게 떠오른 좋은 감정은 꼭 붙잡아야 할까? 성스럽고 기분 좋고 완벽한 감정을 놓치지 않기 위해 애써야 할까?

고대에 만들어진 힌두 사원을 본 적이 있는가? 이 사원들은 신, 성자, 성인 들이 기도하고 있는 초현실적인 이미지로 장식되어 있다. 또한 소에게 풀을 뜯기는 모습, 어머니가 아이의 머리를 빗기는 모습 등 일상의 이미지들도 보여준다. 마찬가지로 남자와 여자가 뒤얽힌 선정적인 모습, 돌출된 이빨과 화가 가득한 눈에 잔인한 표정을 한 배불뚝이 악마의 모습도 볼 수 있다.

우리는 사원 같은 신성한 구조물에서 서로 상충하는 이미지를 볼 거라고는 좀처럼 예상하지 못한다. 그렇지 않은가? 사원이라면 초월적이고 순수한 이미지를 보리라 기대한다. 하지만 힌두 사원은 성스러움과 평범함, 탐욕과 만족, 분노와 평화, 권력자와 온순한 자를 모두 보여준다.

왜 그럴까? 사원 구조물은 인간 경험의 전부를 보여주기 때문이다. 내면의 진실은 긍정적인 것만이 아니라 당신 마음속 전체를 고요한 마음으로 바라볼 때, 바로 그때 떠오른다. 내면의 진실을 보려는 연습은 자신에게 행할 수 있는 가장 위대한 자비의 행위이다.

감정은 금세 사라지기도 하고, 쌓이기도 한다. 하지만 자기 집착에 빠지면 고통 속에 갇히게 되고 분노, 슬픔, 고통이 당신 존재의 기본값이 될 때까지 당신은 줄곧 그것들에게 먹을거리를 제공한다. 자기 집착은 세상에 대한 이해를 방해하는 질병 같은 것이다. 이 질병에 걸리면 아주 좁은 시각으로 세상을 볼 수밖에 없다. 그럼 문제에 직면했을 때 어떻게 현명하게 대처할 수 있겠는가? 사랑하는 사람과의 관계에서 자기 몰두에 빠지면 어떤 일이 벌어지는지 보자.

우리 아카데미 코스 첫날, 질의응답 시간에 한 남자가 자신의 여자친구와 함께 참석했다. 삼십대 초반의 커플이었다. 남자가 말했다. "저는 저를 위해서가 아니라 제 여자친구를 위해서 여기에 왔습니다. 당신이 제 여자친구를 도와주면 좋겠습니다. 저는 매우 용감한 사람입니다. 두려움이 생기면 맞서죠. 동굴탐험, 번지점프, 패러글라이딩을 즐깁니다. 뭐든 도전합니다. 그런데 제 여자친구는 겁이 아주 많아요. 모험심이라곤 없죠. 우리가 함께 더 즐거운 시간을 보낼 수 있게 제 여자친구를 좀 바꿔주시겠어요?"

크리슈나지는 대답하지 않았다. 크리슈나지는 주말이 오기 전에 그 남자가 무엇을 발견할지 잘 알고 있었다. 대신 이렇게 물었다.

"당신은 정말 두려움에서 자유롭다고 생각합니까? 대담한 것과 두렵지 않은 것이 같은 걸까요? 당신 내면의 상태가 진실로 어떤지 한번 살펴보는 건 어떨까요? 당신 내면의 상태가 여자친구분과의 관계에도 분명 영향을 줄 테니까요."

이틀 뒤 남자는 우리 아카데미 지도자 한 명에게 자신이 깨달은 것을 털어놓았다.

"진실을 봐야 한다는 생각이 공포스러웠어요. 그 생각 자체가 어쩐지 너무 무서웠어요."

하지만 남자는 그 통찰을 의지 삼아 자신의 내면 세상을 관찰하기 시작했다.

"지난 3년 동안 저는 저만큼 열정적으로 사랑하는 사람도 없다고 생각했어요."

남자가 크리슈나지에게 말했다.

"저만큼 그녀를 사랑하는 사람은 없을 거라고 혼자 생각했죠. 그런데 제 내면을 제대로 들여다보니, 정말 인정하기 싫었지만, 그동안 사실은 자기 집착에 빠져 있었던 게 보이더군요. 그녀를 사랑한다고 했지만 사실은 그녀에게 집착하고 그녀가 나만 생각하길 바란 거였어요. 그리고 그녀가 제가 하는 모든 걸 인정해주길 바랐어요. 이 수업에서조차 질문에 대답할 때마다 그녀를 바라보며 제 대답이 옳음을 인정받고 싶었죠. 저는 늘 그녀의 손을 잡으려고 했어요. 그녀가 무슨 이유에선지 거부하면 미쳐버릴 것 같았어요. '내가 만지는 게 싫은 건가? 나를 사랑하지 않는 건가?' 하고요. 불안과 소유욕으로 가득한 제 고통의 의식 상태가 우리 관계에 대단히 안 좋은 영향을 끼치고 있었어요. 그것을 보는 게 아주 고통스러웠어요. 우리의 관계에는 그저 '나'만 있었어요."

남자는 이어서 말했다.

"그녀가 변하는 게 무서웠어요. 그녀가 어른이 되는 게 싫었어요. 그냥 소녀로 남아 있길 바랐죠. 늘 기뻐하고 신이 난 소녀 말이에요. 그녀가 차분하고 성숙한 반응을 보일 때마다 겁이 났어요. 더 심각한 건, 가끔 그녀와의 시간이 즐겁지 않을 때도 있는데 그럼 또 겁에 질렸어요. 그녀에 대한 제 사랑이 줄어드는 게 두려웠어요. 그래서 깜짝 선물을 주거나 뭔가 기발한 일을 하려고 했어요. 그러면서 그녀를 사랑하고 있음을 제 자신에게 보여주려 했어요. 그리고 그녀에게도 보여주려 했던 거고요."

몇 주 후 남자는 내면의 진실 속으로 평화롭게 안착했고 그들의 관계도 변화했다. 이 두 남녀는 이제 더는 애정에 굶주려 집착하지 않았고 서로를 열렬히 사랑하려 과도하게 애쓰지도 않았다. 지금 둘은 각자 하나의 온전한 인간으로서 같은 방향을 보며 사랑스런 가정을 일구고 있다. 그후 7년이 흘렀지만 여전히 서로 사랑한다.

내면의 진실, 그 신성한 비밀을 알아차리는 연습을 한다면 많은 이별과 상실을 막을 수 있다. 큰 대가를 요구하는 실수도 피할 수 있다. 그리고 과거에 빠져 사는 멈출 수 없는 중독에서 벗어날 수 있다. 그리고 삶 자체가 더 아름다워진다. 물론 진실을 본다고 해서 괴로운 상태에 다시 빠지지 않는다는 뜻은 아니다. 하지만 괴로움에 탐닉하여 평생을 유지해온 습관조차 조금씩 지우고 없앨 놀라운 능력이 우리 모두에게는 분명히 있다. 그것은 마치 바다를 향해 조용히 흘러가는 물이 그 길에 놓여 있는 세상에서 가장 뾰족한 바위조차 부드럽게 풍화시키는 것과 같다.

우리는 모두 불안, 스트레스, 분노, 실망, 질투, 무관심 등 고통의 상태를 습관으로 만들어왔다. 내면의 진실, 이 신성한 비밀을 보는 연습을 하지 않으면 이 감정들이 통제를 벗어나 미쳐 날뛸 것이다. 마치 독초처럼 당신 인생의 모든 아름다운 것들을 질식시킬 것이다.

당신은 파트너에게 상처받고 부모에게 분노하고 형제자매와 소원해졌을 수 있다. 아니면 자식들에게 실망할 수도 있다. 이런 화목하지 못한 의식 상태는 괴롭다. 그런데도 화목을 위해 그 상황에 현명하게 대처하기는커녕 자기 연민에 빠지거나 상대를 비난한다. 그러는 동안 모든 것이 '나'에게 부당하다는 생각뿐이다.

당신만의 괴로움에 빠져 그 괴로움에 집착하는 한 인생의 문제를 해결할 수는 없다. 그때 인생에 진정한 목적을 보기도 어렵다. 왜 결혼했는가? 아이는 왜 낳았는가? 당신 인생에서 부모는 어떤 자리를 차지하고 있는가? 친구 관계의 기반은 무엇인가?

직장에서 일을 하다 격분하는 엄청난 상황에 처했다고 치자. 잠시 멈추고 그 불편함의 진실을 관찰하면 분노가 사라질 것이다. 존재의 고요한 상태라면 좀 더 깊은 관점으로 상황에 대처하게 된다. 그러면 이런 의문이 떠오를 것이다. '이 일의 목적은 뭐지? 지금 우리가 하는 일이 다른 사람들에게 어떤 영향을 주지? 우리와 함께 일하는 사람들이 우리에게 어떤 의미지?' 하지만 이렇게 잠시 멈추고 자기 집착에서 벗어나려 하는 사람이 얼마나 되겠는가?

리와 크리스티나의 이야기를 되새겨보자. 크리스티나는 적어도 분노에서 빠져나오려 노력했다. 여러 면에서 그녀는 훌륭하다. 하지만 가장 중요한 단계는 건너뛰었다. 자기만의 내면의 진실을 보지 않았다. 마음속 사원에 두 발을 완전히 들여놓지 못했다. 신과 악마, 베푸는 자와 훔치는 자, 아름다움과 추악함이 공존하는 그 사원 말이다.

인생에서 맞닥뜨리는 모든 상황의 문제는 타인들이 아니라 '당신 자신' 때문에 계속되고 커진다. 더 정확히 말해 당신 자신에 대한 집착 때문에 그렇다. 자기중심적인 생각에 빠지면 눈앞의 문제들이 얼마나 간단한지 보지 못한다. 그러면 인생이 복잡해진다. 하지만 그럴 필요가 없다. 이 말들이 다 이상하게 들릴지도 모르겠다. 고통에서 벗어나려면 문제를 해결해야 한다고 귀에 못이 박이도록 듣지 않았나? 하지만 사실은 그 반대이다. 고통부터 사라지게 해야 문제가 해결된다.

얼마 전, 크리슈나지는 친구 디에고를 아카데미의 특별 프로그램에 초대했다. 디에고는 2년 전 아들을 잃었다. 겨우 열아홉 살이던 아들이었는데 몇 년 동안 약물 과다 복용으로 우울증을 앓다 결국 세상을 등졌다. 죽은 아들은 아버지 디에고가 자기 엄마를 떠나 다른 여자에게 가버렸다는 사실을 끝내 받아들이지 못했다. 새 어머니와 사이가 내내 안 좋았고 그 문제로 아버지와 자주 싸우곤 했다. 디에고는 결국 아들에게 실망한 나머지 감정적으로 거리를 두게 되었고 그러다 보니 아들에게 무심했다. 아들이 죽기 전날 둘은 같이 저녁을 먹었다. 그때 아들이 디에고에게 말했다.

"아빠, 나를 다시는 보지 못할 거예요."

디에고는 아들이 또 싸움을 건다고 생각하고 무시했다. 하지만 이튿날 아침 아들이 죽었다는 소식을 들었다. 디에고는 무너졌고 자신을 도저히 용서할 수 없었다. 끔찍한 죄책감과 우울증에 시달렸다. 우리 아카데미를 방문했을 즈음에는 이미 자살을 생각하고 있었다. 아내와 다른 세 명의 어린아이들과도 더 이상 교감하지 못했다. 일에도 소홀했으므로 직장도 잃고 점점 줄어드는 저축에 의지하며 근근이 살았다. 건강에도 적신호가 오기 시작했다. 크리슈나지에게 그런 사실을 털어놓은 후 디에고는 참았던 눈물을 터뜨렸다. 디에고는 자신에게 벌을 주고 싶다고 했고, 죽을 때까지 고통받는 것만이 자기가 할 수 있는 유일한 속죄라고 했다. 디에고는 죽고 싶었다. 그래야 아들을 만나 용서를 구할 수 있으니까.

크리슈나지는 디에고가 그 고통에서 벗어날 수 있도록 그를 위한 특별한 과정을 고안했다. 그 과정을 하는 동안 디에고는 마침내 모든 상처, 분노, 죄책감이 단지 자기 자신에 대한 집착 때문임을 보게 되었다. 그때까지 디에고는 죽은 아들을 사랑하는 유일한 방법은 죄책감을 가진 채 평생을 사는 것이라고 믿었다. 그래서 남은 생을 고통스럽게 살기로 결심했다.

그것이 사랑이 아니라 오히려 의미 없는 집착이었다는 사실에 디에고는 충격을 받았다. 디에고는 자신에 대한 집착 때문에 죽은 아들과의 추억에 평화롭게 잠길 수도, 아내와 다른 아이들과 교감할 수도 없었다. 오로지 자신에 대한 생각뿐이었다.

'어떻게 그렇게 무지할 수가 있니? 어쩌면 그렇게 아들이 보낸 그 모든 신호를 다 무시했니? 어째서 그렇게 이기적이 된 거니? 넌 살 가치도 행복할 자격도 없어. 아들이 죽은 건 너 때문이야. 네가 그 죄 없는 아이를 죽였어. 아들을 이 세상에 데리고 와놓고 책임지지 못했어. 아들이 죽은 건 다 네 잘못이야. 너를 용서할 수가 없어. 오, 어떻게 그렇게 무지할 수가 있어!'

이런 추궁이 몇 달 동안이나 디에고의 머릿속에서 끊임없이 반복되었다. 하지만 그 모든 것이 자기 집착이지 사랑이 아니라는 진실을 보게 되자 죄책감은 저절로 사라졌다. 그리고 여전히 살아 있는 다른 가족과 얼마나 소원해졌는지도 보였다. 그동안 죽은 아들을 대한 방식을 무의식적으로 살아 있는 가족에게도 그대로 반복하고 있었다.

죄책감에서 벗어나자 디에고는 마음 깊은 곳에서부터 퍼져 나오는 평온함을 느꼈다. 끊임없이 조잘대던 불필요한 머릿속 수다가 사라졌다. 그리고 크리슈나지와 명상하는 동안 죽은 아들의 존재를 느꼈고 그 모든 소원했던 순간과 외면했던 순간에 대해 진심으로 용서를 빌었다. 디에고는 아들이 자신의 가슴 속으로 들어오는 것을 느꼈다. 그 경험 후 디에고는 이렇게 말했다.

"아들과 만나기 위해 죽을 필요는 없어요. 아들이 언제나 그랬듯 앞으로도 항상 나의 일부로 존재할 테니까요."

디에고는 그렇게 사기 자신과의 전쟁을 끝냈다.

아들과 연결된 바로 그때 디에고는 자신에게 물었다. '아들을 추모하기 위해 내가 할 수 있는 일이 없을까? 아들도 기뻐할 일로 세상에 공헌할 방법이 어디 없을까?' 그리고 디에고는 아들이 DJ 일을 얼마나 사랑했는지 생각해냈다. 그러고는 해마다 자신이 사는 소도시에서 DJ 경연을 열어 최고의 DJ를 뽑고 최대한 후원하겠다고 결심했다. 그게 아들을 위한 선물이 될 것 같았다.

크리슈나지와 나는 우리 삶은 물론 수많은 졸업생의 삶을 통해 거듭 확인한다. 고통의 의식 상태에서 벗어날 때 인생의 문제에 마법 같은 해결책이 떠오르기 시작한다는 것을. 갑자기 오래된 문제들이 사라지기 시작한다. 우울이나 불안이 그 힘을 잃기 시작한다. 물론 괴로움에서 벗어나는 것 자체만으로도 큰 위안이 되지만 그 자유를 발판으로 사랑과 연결의 아름다운 의식 상태를 향한 단계를 밟아간다면 우주에서 보내는 놀라운 축복과 지지를 받을 것이다.

이제, 자기 집착에서 벗어나 고요하고 아름다운 마음 상태로 들어가는 데 도움이 될 연습을 하나 공유하려 한다.

'고요한 마음명상The Serene Mind Practice'이라고 하는데, 전 세계 수

많은 지도자와 구도자, 심지어 청소년과 어린이 들까지 현재 기꺼이 이 명상을 하고 있다. 그리고 이 명상을 습관화한 이후부터 문제였던 주변 상황들이 마법처럼 저절로 해결되고 예전에는 상상도 할 수 없던 방식으로 문제에 대응하기 시작했다고 보고해왔다.

믿을 수 없이 간단하지만 자기 집착에 빠지는 편협한 상태를 방지하는 데 아주 효과적인 연습이다. 특히 갈등 상황에서 이 명상을 한다면 마음에 혼란이 사라지고 문제를 더 명확하게 보게 될 것이다. 이 연습이 당신을 인생의 문제에 대한 통찰이 저절로 나타나는 위대한 고요의 공간으로 인도할 것이다.

고요한 마음명상

[1단계] 차분하게 앉습니다.

[2단계] 온전히 주의를 기울여 복식호흡을 깊게 세 번 합니다.

[3단계] 현재 당신이 느끼는 정확한 감정을 찾을 때까지 당신의 상태를 관찰합니다.

[4단계] 생각이 흐르는 방향을 관찰합니다. 과거에 집착하고 있나요? 아니면 혼란스러운 미래를 예측하고 있나요? 아니면 현재에 있나요?

[5단계] 양 눈썹 사이에 작은 불꽃이 인다고 상상하고, 그 불꽃이 두개골 중심으로 옮겨가는 모습을 봅니다. 그리고 그

불꽃이 텅 빈 공간 그 중심에서 밝게 빛나는 모습을 상상하거나 느낍니다.

(www.thefoursacredsecrets.com에 접속하면 프리타지가 안내하는 '고요한 마음명상' 연습을 오디오 가이드로 더 자세히 들을 수 있다.)

~~~~~~

이 강력한 명상은 언제 어디서든 3분이면 연습할 수 있다는 점에서 매우 유용하다. 파트너 혹은 아이들과 싸우고 있는 자신의 모습이 보인다면 이 명상을 탑승 수속처럼 이용해 고요한 마음으로 들어가자. 큰 미팅을 앞두고 있는데 뭔가 불편하고 불안할 때 방향제처럼 사용해도 좋다. 아니면 아침 요가나 운동이 귀찮을 때 마음을 다잡는 데 써도 도움이 될 것이다. 잊지 말자. 단 3분만 멈추면 된다. 그런 다음 더 좋아진 에너지와 집중력으로 다시 일상으로 돌아갈 수 있다.

더는 과거를 집착 혹은 탐닉하지 않고 동시에 미래를 걱정하지 않으면 고요한 마음 상태에 도달한다. 이 상태에 이르면 자연스럽고 우아하게 펼쳐지는 현재의 선물을 받을 준비가 되었다.

이제 당신만의 내면의 진실에 접촉하는 법으로 단단히 무장했다면 삶의 두 번째 여정에 들어갈 준비가 끝났다. 지금 그 여정을 시작해보자.

이제 이래야 하고
이러지 말아야 할 것은 없습니다.
당신의 몸은 단지 존재할 뿐입니다.

내면의 분리 없애기
by 프리타지

우리 딸 로카가 다섯 살이었을 때 영어 가정교사가 애비게일 그리피스Abigail Griffith의 〈내면 – 외면Inside-Outside〉이라는 시를 들려주었다. 시는 이렇게 시작한다.

내 내면과 내 외면은
더할 수 없이 다르다.

시는 계속해서 저자의 외모가 자신이 느끼는 자신과 어떻게 다른지 묘사한다. 영어 선생님은 로카에게 그 시를 샘플로 삼아 로카만의 버전으로 다시 써보라고 했다. 25분 뒤 로카는 그 샘플 시와는 전혀 다른 시를 써서 보여주었고, 선생님은 그 시를 나에게 보여주었다. 그리고 이렇게 덧붙였다.

"전혀 다른 시가 나왔지만 어머님은 좋아하실 거예요."

로카의 시는 이랬다.

나는 예쁘다

윙윙대는 벌처럼

나는 나와 다른 사람은 되고 싶지 않다

나는 영리하고 똑똑하다

상냥하고 친절하다

이미 다 좋은데

어떻게 바꾸나?

나는 모든 좋은 사람과

친구가 되고 싶다

나는 나

그리고 너는 너.

선생님이 준 샘플 시가 내면의 목소리가 두 개인 사람을 묘사하고 있다면, 로카의 내면에는 분리가 없었다. 사람들은 아름다운 상태에 있는 로카를 목격했다. 어릴 때만 그랬던 것도 아니다. 로카는 지금도 변함없이 갈등 없는 투명한 존재 상태로 살고 있다.

우리도 대부분 어릴 때는 그랬을 것이다. 기꺼이, 주저하지 않고 사랑하는 사람을 안아주었다. 그리고 개의 털을 만지며 혹은 과일을 맛보며 더없이 좋아했다. 물방울과 햇살이 함께 만드는 무지개를 보고 감탄했고 인생의 소박한 일들이 기쁘고 경이롭기만 했다. 우리는 완전했고 온전했고 즐거웠다. 하지만 자라면서 내면이 분리되어 갈등하게 되었고 자기 집착이 시작되었다. 사회는 이런 분리 감정을 강화한다. 시험 점수와 등수가 모든 것의 기반이 되는 체계에서 교육을 받았으니 비교하고 경쟁하고 판단하는 법을 배울 수밖에 없다. 그리고 또래를 친구가 아닌 경쟁자로 볼 수밖에 없다.

우리는 타인만이 아니라 우리 자신과도 싸워야 한다고 배웠다. 마음속에 되고 싶은 사람의 그림을 그리고, 그 기대에 미치지 못하면 절망했다. 그리고 자신도 모르게 남을 만족시키는 자 혹은 자신을 증명하는 자가 된다. 만족시키는 자는 다른 사람들이 자신에게 불만을 품을까 두려워서 다른 사람을 만족시키는 선택과 행동을 한다. 증명하는 자는 과거에 상처를 주었거나 화를 일으켰던 대화를 마음속에 꽁꽁 숨겨두고 그렇게 자신에게 상처를 주거나 부당하게 대했던 사람들에게 그들이 틀렸음을 증명하기 위해 살아간다. 그런 전쟁 같은 삶에 너무도 익숙해진 나머지 다르게 살 수 있음을 상상하지 못한다.

그런데 우리는 왜 애초에 온전하고 아름다운 상태에서 멀어지게 된 걸까? 왜 우리는 우리의 진정한 모습 그대로 살기를, 그 아름다운 자아로 살기를 멈춘 걸까? 우리는 어떻게 이렇게 자신에게 사로잡힌 사람이 된 걸까?

나는 왜 행복하지 않을까?

매일 아침 함께 눈을 뜨는 그 사람은 누구인가? 삶의 모든 순간에, 심지어 꿈을 꿀 때조차 당신과 함께하는 그 사람은 누구인가? 혼자일 때 혹은 누군가와 함께 있을 때 당신 옆에 있는 그 사람은 누구인가? 바로 당신이다.

당신은 당신을 사랑하는가? 당신은 당신을 보살피는가? 아니면 당신을 비판하고 판단하는가? 당신은 당신의 가장 친한 친구인가? 친구에게 혹은 가족이나 회사 동료에게 화가 났다고 해보자. 어떤 일이 일어날까? 당신은 그들을 바꾸려 한다. 충고를 하거나 그런 행동을 참지 않겠다고 한다. 심지어 그들이 변하길 기도하기도 한다. 그런데도 그들이 거부한다면 거리를 둘 것이다. 마주칠 일을 만들지 않고 전화가 와도 받지 않는 일이 잦아진다. 그래도 참을 수 없으면 관계를 아예 끊어버릴 것이다.

하지만 당신이 불만을 가진 사람이 당신 자신이라면? 당신이 싫어하는 사람이 당신 자신이라면? 당신이 극도로 혐오하는 사람이 당신 자신이라면?

여기서 잠시 멈춥니다.

몇 차례 천천히 심호흡을 합니다.

그리고 조용히 당신 자신과의 관계에 관심을 기울여보세요.

아름다운 의식 상태에서 당신 자신을 존중하며 보살폈던 순간을 떠올려보세요.

깊이 심호흡하며 그 순간을 계속 관찰합니다.

이제 고통의 의식 상태에서 당신에게 불만을 품고 싫었던 순간을 떠올려보세요.

깊이 심호흡하며 그때 당신의 상태를 잠시 관찰합니다.

당신 자신과 아름답게 교감했던 순간이 있길 바란다. 당신을 있는 그대로 사랑했던 순간 말이다. 내면의 고통 혹은 불편을 느낀 순간도 분명 있었을 것이다. 그럴 때면 바깥에서 해결책을 찾거나 그 내면의 전쟁을 회피하거나 '다 그런 것'으로 받아들였을 것이다. 싸우는 자아가 아니라 아름다운 자아가 당신임을 잊어버린 채 말이다. 하지만 당신은 겁에 질려 살아남기 위해 고군분투하는 정글 속 양이 아니다. 당신은 사자이다.

자신과 아름다운 관계를 갖지 못한다면 자신에 대한 모든 것, 즉 걸음걸이, 말투, 사고방식, 성공을 위한 노력도 모두 성가시기 그지없는 자기 회의로 방해받을 것이다. 자기 회의라는 고통의 상태에 갇혀 있는데 대체 무엇을 성취할 수 있겠는가? 먼저 그 상태에서 빠져나와야 한다.

점점 깊어지는 내면의 분리를 감당할 수 없어 많은 사람이 얼굴이나 몸에 칼을 대고 또 댄다. 신경안정제를 복용하고 술을 마시고 심지어 자살을 생각하고 실행에 옮기기도 한다. 그러나 바깥에서 아무리 수많은 해결책을 시도해본들 자신과 전쟁 중이라면 행복을 찾을 수 없다. 많은 시간 전쟁 중인데 다른 사람과의 관계, 재물, 휴가, 혹은 성공을 즐길 에너지가 남아 있겠는가?

우리 자신과 평화롭지 못하면 또 어떤 일이 일어날까? 어릴 때 술래잡기 놀이를 해보았을 것이다. 내가 어릴 적에는 커다란 원을 그리고 술래가 그 안에서 눈을 가리고 "꼭꼭 숨어라, 머리카락 보인다"라는 노래를 불렀다. 다른 아이들은 원 안에서 술래를 피해 도망 다녔다. 술래는 손에 잡히는 아이를 한 명씩 원 밖으로 내보냈다. 그렇게 해서 마지막에 남은 아이가 다시 술래가 되었다. 우리는 술래잡기 놀이를 하면서 스스로 선택하지 않고 행운에 자신을 내맡겼다. 술래에게 누구를 잡아 원 밖으로 내보내라고 아무도 말하지 않았다.

자신과 화목하지 않다면, 어른이 되어서도 인생의 모든 중요한 결정에 술래잡기할 때와 똑같은 방식으로 접근한다. 고통의 의식 상태가 우리 자신과 결정에 대한 모든 확신과 존중을 앗아가기에 우리는 우유부단할 수밖에 없다. 직업을 구할 때, 결혼 상대를 구할 때 혹은 동업자를 구할 때도 여전히 "꼭꼭 숨어라, 머리카락 보인다"라고 노래를 부르며 무언가가 손에 잡히면 '이건가 보다'라고 생각한다. 확신을 갖고 무엇을 선택할 수도, 결정할 수도 없다.

선택을 했다고 해도 의심은 계속된다. 심지어 3년 넘게 사건 사람에 대해서조차 이것이 진짜 사랑인지 의심한다. 같은 일을 10년 동안 하고 있으면서도 자신에게 맞는 일인지 의심한다. 이미 졸업한 지가 언젠데 아직도 전공을 잘못 선택했다고 생각한다. 관점 혹은 의견들이 서로 대립하면 어떻게 해야 할지 모른다. 이런 상태라면 삶이 아름다울 수 있음을 잊어버릴 수밖에 없다.

이런 내면의 혼란을 참을 수 없어서 우리는 이 미봉책에서 저 미봉책으로 전전한다. 폐쇄공포증을 야기하는, 성가시기 짝이 없는 내면의 싸움을 잠재우기 위해서이다. 하지만 미봉책이니 해결되는 것은 아무것도 없고 결국 세상이 너무 가혹한 것만 같다. '내가 뭘 잘못했나?' 우리는 울부짖는다. '나쁜 짓을 한 적도 없는데 왜 이렇게 불행해야 하지?'

전쟁 중인 자아의 세 가지 모습

인도의 유명한 대서사시 〈라마야나Ramayana〉에 등장하는 '라바나'라는 괴물 왕은 특유의 딜레마에 빠진다. 라바나는 우리가 아는 보통 괴물들처럼 멍청하지 않고 악당도 아니다. 라바나는 지식이 많았다. 경전에 박식했고 왕국에 대단한 번영을 불러왔다. 그런데 모든 면에서 덕이 많은 이 남자가 어떻게 자신의 아들을 포함하여 형제와 씨족 전체를 죽음으로 몰고 갔을까? 무엇이 그로 하여금 우리의 영웅, 라마의 아내를 납지하게 했을까(그 탓에 라바나 왕국이 몽땅 불길에 휩싸여 사라지고 만다)? 이토록 박식한 사람이 어떻게 그런 파국으로 치닫게 되었을까?

〈라마야나〉에서 라바나는 머리가 열 개인 사람으로 묘사된다. 그 많은 머리는 그가 얼마나 서로 상충하는 가치를 가지고 있고, 얼마나 많은 욕망에 집착하며, 얼마나 자신만의 생각에 갇혀 꼼짝 못 하는 신세인지를 보여준다. 서로 상충하는 욕망과 가치가 그를 고문할 때면 그 대단한 지식도 아무 도움이 되지 못한다. 라바나는 자신과 전쟁 중이었고, 그 내면의 전쟁이 주변 사람들까지 망치는 데는 그리 오랜 시간이 걸리지 않았다. 라바나의 이야기를 읽으면 우리는 옛날이나 지금이나 유효한 질문 하나를 던지지 않을 수 없다. '왜 착한 사람들이 나쁘게 변하나?'

살면서 누구나 한 번쯤 이런 질문을 하게 되지 않는가? 잘못된 길로 빠진 형제, 자녀 혹은 친구를 보면서 우리는 알고 싶다. 도대체 무엇이 잘못된 걸까? 한때 존경했던 지도자나 예술가를 보고도 자문한다. '어떻게 사람이 저렇게까지 망가질 수 있지?'

내면의 전쟁에 빠진 사람은 라바나가 된다. 이 사람은 자기만이 아니라 다른 사람들도 파괴한다. 세상에서 가장 선한 사람이라도 갈등하는 가치들로 내면의 자아가 전쟁 중이라면 세상에 혼란을 부른다. 내면의 전쟁은 다음과 같이 서로 상충하는 욕망들 때문에 일어난다. '나는 아낌없이 주는 엄마가 되고 싶지만 그러려면 일을 그만둬야 해. 다 가질 수는 없지.' '승진하고 싶은데 그럼 세계 여행은 꿈도 못 꾸겠지…… 이제는 정착해야 할 때야.' '애인을 사귀고 싶지만 싱글 라이프도 잃고 싶지 않아. 나는 어느 쪽이든 행복하지

않을 거야.'

내면의 전쟁은 이상과 현실의 괴리 때문에도 일어난다. 우리는 고결한 사람이고 싶지만 나쁜 짓에 끌리기도 한다. 인내심 많고 친절하고 싶지만 때로 화가 나고 참을 수가 없다. 하지만 이런 내면의 갈등에서 벗어날 방법을 찾지 못하면 어느 쪽을 택하든 마찬가지이다. 어쨌든 불만이 심해지다가 결국 우울증 상태까지 다다를 테고 심지어 자신과 세상을 증오하게 될 수도 있다.

라바나가 그랬다. 서로 갈등하는 욕망이 개인적인 파국을 부르고 그 갈등하는 욕망 때문에 왕국이 운명의 기로에서 멸망으로 치닫고 있음을 알고 있었지만 어쩔 수 없었다.

많은 사람이 라바나 같은 내면의 고문 속에서 살아가고 있다. 내면 세상이 늘 전쟁터인데 행복 혹은 자유의 아름다운 상태를 어떻게 알 수 있겠는가? '전쟁터'라는 말이 너무 심한가? 누구나 조금씩 불만과 부당함을 느끼지만 그것이 인생이라고 생각하며 살아가니까 말이다. 그런데 정말 그럴까?

우리 삶의 문제를 보면 외부에 원인이 있는 듯 보이지만 사실 세상에 파괴적인 힘을 내보내는 주체는 바로 우리 자신이다. 전쟁 중인 자아는 대체로 다음 세 가지 방식으로 세상에 표출된다. 첫 번째는 '움츠리는 자아'이다.

움츠리는 자아

알렉스는 12~13세 무렵 또래보다 작고 허약해 학교에서 놀림을 당했다. 그 모욕감을 이겨내기 위해 알렉스는 체조선수가 되었다. 대학 입학 즈음에는 그 대학에서 가장 잘생긴 남학생으로 성장했다. 여학생들이 그를 보면 홀딱 반할 정도였다. 알렉스의 성공은 거기서 그치지 않았다. 사업을 크게 벌여 부자가 되었고 아름다운 여인과 결혼도 했다.

하지만 알렉스는 늘 자신을 남과 비교했기에 여전히 자신이 무능해 보였고 끊임없이 남들의 시선을 의식했다. 아내의 행동을 과거 여자들의 행동과 비교하기도 했는데, 그러자 아내와의 관계를 확신할 수 없었다. 아내가 자신의 사랑을 정말 필요로 하는지, 자신의 사랑을 과연 느끼기는 하는지 도무지 알 수 없었다.

자신의 분야에서 정상에 도달하면 그 누구에게도 열등감을 느낄 필요가 없다고 생각했다. 그래서 어릴 때부터 열등감을 느끼지 않아도 되는 자리, 오히려 남들에게 열등감을 느끼게 하는 자리에 올라야겠다고 결심했다. 하지만 내면의 진실을 찾는 여정을 시작한 후 알렉스는 뜻밖의 현실과 마주쳤다. 남들과 자신을 비교하는 강박적인 습관이 자신이 성취한 그 모든 성공과 부에도 불구하고 여전한 것이다!

그 정도로 알렉스는 고통의 의식 상태에 꽉 붙잡혀 있었고, 이것이 사업에서도 기묘한 양상을 불러왔다. 거래를 성사시켜 큰 수익을 냈음에도 알렉스는 절대로 만족하는 법이 없었다. 그리고 다른 사람이 항상 더 많은 이득을 가져간다고 생각했다. 그리고 자신은 늘 엄청난 노력을 해야만 성공할 수 있다고 생각했다. 다른 사람들이 다 자기보다 훨씬 쉽게 성공하는 것 같았다.

이런 양상은 내면의 불화가 사라지고 나서야 바뀌었다. 크리슈나지와 명상 도중 알렉스는 새로운 지성이 깨어남을 느꼈고 편협한 자아의 환영에서 벗어나 분리도 비교도 없는 의식 상태를 경험했다.

그때부터 알렉스는 맑은 정신의 아름다운 의식 상태에 접근하기가 한결 수월했다. 지금 알렉스는 아름다운 의식 상태에서 창의력을 맘껏 발휘하며 성취하는 인생을 살고 있다.

알렉스가 겪었던 '움츠리는 자아'는 우리 주변에서 흔히 볼 수 있다. 이 자아는 대개 남의 시선을 의식하고 자신감과 자존감이 부족한 모습으로 나타난다. 그리고 알렉스가 그랬듯, '움츠리는 자아'를 다시 펴기 위해서 극도로 공격적으로 변하기도 한다. 그런데 이 '움츠리는 자아'의 진실은 무엇인가? '움츠리는 자아'는 다른 사람과 비교하는 중독 같은 습관과 자신이 부족하다는 느낌을 먹고 산다.

'움츠리는 자아'는 자신을 보잘것없고 초라한 존재로 본다. 더 똑똑하고 더 아름답고 더 재능 있는 사람들 앞에 서면 불편해진다. 그리고 사람들이 자신을 열등하게 본다고 생각하며 의기소침해진다.

'움츠리는 자아'는 모든 것을 불확실하게 만들고 인생의 즐거움을 사라지게 한다. 이때 용기를 내어 가슴이 열망하는 것을 추구하기란 불가능에 가깝다.

파괴적인 자아

전쟁 중인 자아는 두 번째로 '파괴적인 자아'의 모습을 보인다.

알리샤와 그렉은 스위스에서 온 부부였다. 부부 사이가 10년 넘게 나빴지만 외동딸을 위해 억지로 참고 살았다. 딸이 마침내 대학에 가며 집을 떠나자 부부는 이혼을 결심했다. 하지만 불행히도 문제는 거기서 끝나지 않았다.

그렉은 항상 이성적이었지만 이혼이 확정되자 사람이 변했다. 증오에 굴복하고 말았다. 마치 알리샤의 인생을 망치려고 작정한 사람 같았다. 결혼 생활 내내 알리샤는 자기주장이 강해서 주도권을 쥐고 있었고 그렉은 순종적이었다. 그런데 이혼으로 인해 오랫동안 억눌렸던 분노와 공격성이 마음껏 활개치게 된 것 같았다. 그렉은 자신이 꿈꾸었던 행복한 가정과 이미 찌그러지고 깨져버린 자신의 가정을 끊임없이 비교했고 자신의 불행을 아내 탓으로 돌렸다. 그렉은 좋은 학력에, 경제 사정도 남부러울 것 없었다. 평화로운 삶의 조건을 다 갖추고 있었지만 평화를 누리기는커녕 어떻게 하면 아내에게 복수할까만 생각했다.

'파괴적인 자아'에 굴복하면 우리는 정서적으로 불안해지고 충동적이 되며 변덕을 부리기 쉽다. 그리고 완벽주의, 과도한 야망, 무자비한 행동을 드러낸다. 아니면 쾌락, 불건전한 습관, 심지어 일에 중독될 수도 있다.

이런 상태라면 타인을 경쟁자나 적으로 인식한다. 타인을 지배하거나 자신의 힘을 보여주는 것이 자신의 성장이나 행복보다 더 중요해진다. 그리고 친구나 가족을 적으로 만들어버린다. 마음의 문을 단단히 걸어 잠그고 타인의 고통에 무감각해지며 그 문 안에 아무도 들이지 않는다. 그러다 보면 건강하지 못한 관계를 맺게 된다.

꿈꿔왔던 이상적인 삶과 현재 자신의 삶을 비교하는 중독 같은 습관에 빠진다면 '파괴적인 자아'가 될 수밖에 없다. 게다가 비교만 하는 것이 아니라 우리를 화나게 하는 현실의 책임을 다른 누군가에게 돌리기도 한다. 그러면 삶은 전쟁터가 된다.

무력한 자아

전쟁 중인 자아는 세 번째로 '무력한 자아'로 표출된다. 베스는 평생 자신보다 뛰어난 자매들과 비교당하며 살았다. 자매들은 예쁘고 똑똑해서 직업적으로 성공하고 삶도 만끽하며 사는데 베스는 학습장애로 어려움을 겪었고, 그들만큼 좋은 직업을 갖지 못했다. 설상가상으로 부모도 베스를 게으르다고 질책하기 일쑤라 베스의 내면은 전쟁으로 황폐해졌다. 그 탓에 베스는 점점 더 많이 먹고 운동이나 일은 하지 않는 악순환에 빠졌다. 그나마 있던 자신감도 잃어버렸다. 돈을 조금이라도 모으면 투자를 한답시고 다 잃어버렸다. 자신에게 어울리는 멋진 삶을 애써 꿈꿔보지만 희망은 없어 보였다.

'무력한 자아'의 가장 큰 특징은 무관심, 책임감 결여, 게으름, 미루는 습관 등이다. 자아가 무력하면 무언가를 하기 위한 동기도 동력도 부족해진다. 유일하게 끌리는 건 몽상이다! 무엇이 자아를 이토록 무력하게 만들까? 여기서도 비교하는 습관이 문제이다. 하지만 '움츠리는 자아'는 비교하며 삶을 끝없는 경주로 여기며 괴로워하는 반면 '무력한 자아'는 아예 처음부터 포기해버린다. 인생에서 좋은 일이 생기리라는 희망을 처음부터 갖지 않는다.

이 이야기들 중 어느 하나에라도 해당하는 것 같으면 당신은 즉시 고쳐야 하는 나쁜 습관 혹은 행동으로 치부하고 싶을 것이다.

'움츠리는 자아'에서 벗어나고 싶은 마음에 극한 스포츠를 시작할지도 모르겠다. 낮은 자존감에는 멋진 이미지가 해결책이라고 생각하니까 말이다. 하지만 이것은 내면의 분리를 무의식적으로 더 크게 만든다. '파괴적인 자아'를 극복하기 위해 말과 행동을 조심하고 다듬으려 할지도 모르겠다. 그리고 조심조심 자신을 길들이려 할 테지만 이것은 대개 하나의 중독에서 다른 중독으로 옮겨가는 것일 뿐이다. 마지막으로 '무력한 자아'에서 벗어나기 위해 필사적으로 몸을 일으켜 헬스클럽으로 향하고 몸을 해독하고 심지어 술에 찌든 간을 해독하려고 할 수도 있다. 하지만 무의식은 들여다보지 않는다.

이런 것들이 과연 진짜 해결책일까? 이 세 자아들이 내면 깊은 곳에서 진행되고 있는 전쟁의 징후라는 진실을 보지 않는데 어떻게 진정한 변화가 가능할까?

여기서 잠시 멈추고 심호흡을 합니다.

스스로에게 불만을 품고 미워하고 증오했던 순간을 떠올려
보세요. 당신 내면의 전쟁은 어떤 자아를 탄생시켰나요?
그 자아가 당신 인생에 끼치는 영향을 그저 관찰하기만 합
니다.

잃어버린 사랑을 찾아서

인도 무굴 제국의 대황제 악바르는 대신들과 논쟁하기를 좋아했고
지적인 호기심을 일으키는 토론을 즐기기로 유명했다. 그는 대신들
에게 재미있는 과제를 내주기도 했다. 다름 아니라 제국 내 최고 바
보를 데려오라는 것이었다. 재치가 남달랐던 대신 비르발도 종일 여
기저기를 다니며 제국 내 최고 바보를 찾아보았지만 빈손으로 돌아
와야 했다. 몹시 지쳐 어둑어둑해진 길을 걷고 있던 비르발의 눈에
흐릿한 가로등 아래에서 무언가를 찾고 있는 한 노인이 들어왔다. 비
르발은 노인에게 가서 무엇을 찾느냐고 물었다. 황실의 예복을 입은
대신을 본 노인은 잃어버린 열쇠를 찾고 있다고 공손하게 대답했다.
노인을 불쌍히 여긴 비르발은 같이 열쇠를 찾아보기로 했다. 몇 분
후에도 열쇠가 보이지 않자 비르발은 노인에게 정확히 어디서 잃어
버렸느냐고 물었다. 노인은 열쇠를 찾고 있던 그곳에서 꽤 먼 어두운
모퉁이를 가리켰다.
"저기서 잃어버렸는데 왜 여기서 찾고 있소?"

"여기가 밝으니까요."

그 순간 비르발의 얼굴에 미소가 번졌다. 비르발은 그렇게 제국 내 제일가는 바보를 황제에게 데리고 가 과제를 완수하고 상금도 받았다.

우리는 자주 어떤 해결책도 내면의 전쟁을 종식시키지 못하는 것을 보고 그 이유를 궁금해하지 않는가? 그렇다. 세상은 일시적으로 '기분을 좋게 하는' 미봉책들로 가득하다. 하지만 또 다른 문제가 생기면 다시 갈등과 비난과 자기혐오의 똑같은 소용돌이 속으로 빨려 들어가고 만다.

비르발 이야기에 나오는 그 노인처럼 어디서 열쇠를 찾아야 할지 모르기에 문제를 해결할 수 없는 것이다. 기꺼이 내면을 살펴본다고 해도 고통의 상태를 단칼에 해결해버리려 한다. 그리고 소극적이거나 자만심이 넘치거나 자기 회의에 빠진 자신을 비난한다. 그런데 문제가 더 깊은 곳에 있다면 어떨까? 모든 불행의 뿌리에는 자아에 대한 부단한 집착이 있다.

사람들과 인생을 바꾸는 심오한 깨달음을 나누려 하면 크리슈나지와 나는 대개 즉각적인 저항에 부딪힌다.

"하지만 제 파트너가 바람 폈잖아요."

"말을 듣지 않는 건 우리 아이들인 걸요."

"상사가 제 공을 가로채는 데도요?"

'모든 불행이 자아에 대한 집착에서 온다지만 분명 예외는 있을 거야'라고 생각할지도 모르겠다. 어쨌든 우리는 삶을 바꾸려고 이 책까지 읽는 사람이니까 말이다! 우리는 다른 사람들이 다들 5분 일찍 가버릴 때 늦게까지 기다리는 사람이다. 아이들이 배고플까봐, 배관공이 돈을 제대로 받지 못할까봐 걱정하는 사람도 우리이고, 치과 검진을 예약하는 사람도 우리이다. '좋은 사람이 되기 위해 이토록 열심인 사람이 자기 자신에게 스트레스를 준다고? 이건 뭔가 사실이 아닐 거야. 이렇게 이타적인 사람이 어떻게 자기 집착에 빠졌다는 거야?'

먼저 이기심과 자기 집착은 다름을 분명히 하자. 다른 사람은 어떻게 되든 상관하지 않는다는 말이 아니다. 여기서 말하는 자기 집착이란 내면이 자기 자신에게 사로잡혀 있다는 뜻이다.

자기에 집착하고 있음을 부인하기 전에 먼저 스스로에게 물어보자. 당신은 얼마나 자주 다른 사람들이 당신에 대해 어떻게 생각할지 생각하고 끊임없이 그들과 당신 자신을 비교하면서 마음속에서 가상의 전쟁을 일으키는가? 페이스북에 새 글을 올릴 때도 나쁜 댓글이 달릴까봐 댓글이 올라오기 전에 자신을 해명하는 경우는 또 얼마나 많은가?

그리고 당신 기분이 나쁘다고 다른 사람들을 얼마나 많이 비난했는가? 자기 집착의 고리 속에서 맴을 도는 당신의 생각 때문에 그렇게 기분이 나쁜데 말이다. 이런 자기 몰두 상태가 모든 불행을 일으키고 내면의 전쟁을 일으킨다는 걸 꼭 기억하자. 자신과 평화 체결을 하지 않으면 내면 세상은 언제까지고 세상 모든 갈등이 터져 나오는 전쟁터가 될 것이다.

저 사람은 왜 나보다 더 사랑받는 걸까?

내 인생은 왜 저 여자 인생처럼 될 수 없을까?

저 사람 매력적이고 재밌네. 그런데 나는 뭐지?

왜 내가 아니고 저 남자가 금수저를 물고 태어난 거야?

당신은 계속해서 노래를 부를 것이다. '왜 나야?' 혹은 '왜 내가 아니야?'라고. 하지만 이런 우리 내면의 고군분투는 외부의 상황과 아무 연관이 없다. 당신이 당신 아버지만큼 키가 크지 않은 것 혹은 학교 기숙사 룸메이트만큼 성공하지 못한 것…… 이런 것은 삶의 사실들이고 그 자체로는 좋은 것도, 나쁜 것도 아니다. 이런 사실들이 불편함이나 곤란함을 일으킬 수는 있지만 그런 불편함과 곤란함은 외적인 문제로 언제나 해결책이 있기 마련이다.

물론 우리가 크고 작게 경험하는 삶의 문제를 부인하려는 것은 아니다. 우리가 이 육신으로 살아가는 인생의 기간은 어차피 정해져 있다. 모두 최고의 건강으로, 화목한 가정에서 태어나지는 않는다. 지구상에는 삶이 힘들고 고통스러운 사람이 더 많다.

하지만 그런 고단한 삶에 자기 집착이라는 현기증을 부르는 소용돌이까지 덧붙이면 삶이 부당해 보일 수밖에 없다. 우리 몸, 우리 삶, 우리 세상 모두 추하거나 불완전해 보일 수밖에 없다. 그럼 세상이 의도적으로 우리에게서 모든 것을 빼앗기라도 한 듯 온통 부당해 보이고 하루하루가 괴롭기 그지없다. 그리고 '주어진 게 고작 요것뿐인데 어떻게 마음이 평화로울 수 있냐?'며 불평한다. 하지만 그렇게 고통의 상태라면 삶의 문제와 혼돈이 필요 이상으로 더 커진다는 것을 알아차렸는가?

자기 집착이 커지면 삶의 진짜 문제는 건드리지도 못한다. 마음이 늘 불안하므로 아무것도 아닌 일에 무례하다고 모욕감을 느낀다. 있는 그대로의 모습에 불만을 품고 자신이 그랬으면 좋겠다고 생각하는 이미지에 집착한다. 그나마 있는 마음의 평정까지 잃지 않으려면 타인들의 기준에 순응하며 관심을 받으려고 필사적으로 노력해야 한다. 그리고 어느 날 문득 보면 가면이 많은 사람이 되어 있고 의식의 아름다운 상태가 주는 힘은 이미 다 잃은 지 오래이다.

자기를 사랑하라거나 잘 보살피라는 둥의 대화를 해보지만 강박적인 자기 집착이라는 진짜 문제는 건드리지도 못한 채 이런저런 피상적인 해결책 속을 헤매 다닌다.

내면의 자아가 상처를 입은 채 아파하는 고통의 상태에 있는데 어떻게 자신을 잘 보살필 수 있겠는가? 멋진 휴가를 떠났지만 시끄러운 내면의 수다에서 잠시도 벗어나지 못한다면 어떻게 자신을 진정으로 사랑하겠는가? 그런 상태라면 우리는 길을 잃고 헤맬 수밖에 없다. 그런 상태라면 삶을 즐기는 건 불가능하다.

진정으로 자신을 사랑하려면 자기 집착에서 벗어나 의식의 아름다운 상태로 들어가야 한다. 어떻게? 괴로운 집착에서 나와 부드러운 관찰로 들어가면 된다. 정신과 임상교수인 다니엘 시겔Daniel J. Siegel 박사에 따르면 관찰 상태에 들어갈 때마다 두려움과 화를 관할하는 편도체의 신경 활동이 줄어들고 지성과 확장된 연결성의 상태를 관할하는 내측 전전두 피질의 활동이 활발해진다고 한다.

이것이 관찰의 결실에 대한 과학적인 설명이라면, 신비주의적인 설명도 있다. 동양의 신성 이미지를 보면 제3의 눈이 많이 보이는데 관찰을 하게 되면 이 제3의 눈이 활성화된다. 아름다운 자아로의 여정은 진실과 함께 시작되고 진실만이 우리를 자유롭게 할 수 있다. 내면이 전쟁 중이라는 진실과 그것이 어떻게 우리의 생각을 사로잡고 있는지 관찰할 수 있다면 그것을 판단하지 않고 전환시킬 수 있다. 관찰하는 순간 고요한 의식의 아름다운 상태가 우리를 끌어안게 된다. 그토록 타인과 비교하던 우리 자신, 진정한 자신과 더할 수 없이 분리되어 있던 우리 자신을 부끄럽게 여기지 않고 그것과 싸우지도 않고 잘 포용한다면 바로 연결된 아름다운 상태가 떠오를 것이다. 자신에 대한 끝없는 불만이 부른 절대적인 혼돈을 목격한다면 새로운 질서가 나타날 것이다.

한 지중해 국가에서 온 마우린의 이야기를 들어보자. 마우린은 용감하게 자아의식을 바꾼 사람이다. 마우린은 우리를 사십대 초반에 처음 찾아왔다. 그녀는 강한 인상을 주는 사업가였다. 체격이 탄탄했고 좀처럼 웃지 않았다. 일상적인 말투에도 딱딱함이 배어나왔다. 하지만 온전함을 향한 여정 동안 마우린은 진정한 변화를 경험했다.

마우린은 고작 여덟아홉 살 어린 나이에 모르는 사람에게 강간을 당했다. 그 사람은 강간 후 마우린에게 침을 뱉으며 "못생긴 계집애"라고 말한 뒤 가버렸다. 어른이 되고 자존감이 무섭도록 바닥을 치고 분노가 치솟는 일이 반복되자 마우린은 수년 동안 정신과 치료를 받아야 했다. 두 번 결혼했고, 실적이 뛰어난 사업가이며 일에 있어 냉정하고 효율적이라는 평판을 받았지만, 정작 본인은 한 번도 존중을 원하는 만큼 받아본 적이 없다고 느꼈다.

우리와 함께 깊은 명상 상태로 들어간 마우린은 생애 처음으로 거리를 두고 수동적인 목격자의 시선으로 자신의 인생 전체를 보기 시작했다. '그런 일은 내 인생에서 일어나지 않았어야지. 내 인생은 이래서는 안 돼!'라고 자신에게 소리치던 전쟁 중인 자아는 더 이상 거기 없었다. '무엇이 그래야 한다' 혹은 '그렇지 않아야 한다'라는 생각도 없었다. 사건들은 그저 일어났을 뿐이다. 그녀 인생의 모든 사건이 그랬다. 마우린은 그날 처음으로 상처 입은 자아에서 벗어나 자신의 인생을 보았다.

'무한명상Limitless Field' 상태로 깊이 들어가자 마우린은 흔치 않은 경험을 했다. 마치 우주가 그녀를 포근히 감싸안는 것 같았다. 우주가 살아 있는 생명체처럼 그녀를 안고 깊게 패인 상처를 치유해주는 듯했다. 이후 마우린은 우리에게 자신의 마음이 부서진 유리조각 같았는데 그 초월적인 포옹으로 깨진 유리 조각들이 다시 붙은 느낌이었다고 했다.

그 신비한 경험이 깊고 강력했다면, 그녀의 삶을 바꾼 방식은 그야말로 기적 같았다. 늘 깊이 패인 고통이자 상처로 남았던 그 경험이 고요한 마음의 아름다운 의식으로 돌아볼 수 있는, 그녀 인생 속 단지 한순간이 되었다.

그런 강력한 변형을 경험한 후 마우린은 자신에게 전에 없던 깊은 사랑과 자비심을 느꼈다. 더는 자기 집착 상태로 떠밀려가지 않았다. 최고 자리로 승진할 기회가 왔는데도 거절했다. 그건 그녀 인생에서 처음 있는 일이었다. 그리고 자신이 발견한 가장 이타적인 방식으로 내면의 여정을 계속 이어가기로 결심했다.

"이제 다른 사람을 치유하며 살겠어요."

마우린이 말했다. 이때부터 마우린은 회사 내 젊은 신입 사원들의 멘토로 일하기 시작했다. 마침내 사랑을 알게 된 마우린은 현재 그 사랑을 베풀며 평온한 인생을 살아가고 있다.

마우린의 아픔을 이해하기 위해 마우린이 겪었던 트라우마를 당신도 겪을 필요는 없다. 하지만 누구에게나 악몽같이 따라다니는 트라우마가 있고, 우리는 그것에서 벗어나야 한다. 화목한 상태로 깨어나야 한다.

전쟁 중인 모든 자아를 관찰하다 보면 그것들이 사실은 모두 비판의 목소리라는 것을 알 수 있다. 이 비판의 목소리가 우리를 잡아 뜯고 우리로부터 아름답고 기쁜 것들을 훔쳐가고 우리 삶에서 평온함을 앗아간다. 각자 개인적 역사가 단순하든 복잡하든, 전쟁 중인 자아의 손아귀에 붙들리게 되면 우리의 모든 것(외모, 지위, 집, 가족)은 물론 우리 인생 자체를 비판하게 된다. 내면의 분리 그 뿌리에는 모든 경험에 '~해야 했어' 혹은 '~ 하지 말아야 했어'라고 이

분법의 코멘트를 붙이는 습관이 있다. 바로 이 습관이 우리로 하여금 끊임없이 비교하게 하고 내면을 전쟁터로 만든다.

우리는 우리 몸을 있는 그대로 보지 않는다. 몸 구석구석에 '～이래야 하잖아' '～이러지 않아야 하잖아'라는 코멘트를 날린다. 가족과 함께 있을 때도 가족의 모습을 있는 그대로 봐주지 못한다. 가족 한 명 한 명에게 그래야 한다거나 그러지 말아야 한다고 말한다. 퇴근하고 집에 가면 즐기지 못한다. 집이 좀 커야 한다는 둥, 작아야 한다는 둥 불평한다. 출근을 해도 목적의식으로 가득 차서 창조적으로 일하지 못하고 '다른 직장을 다녀야 해' 혹은 '여기에 있어서는 안 돼'라고 생각한다.

삶의 관찰자가 되면 그 모든 코멘트가 불필요해지고 마른 이파리처럼 떨어져 나간다. 알아차림의 강물 속으로 휩쓸려 들어가 사라져버린다. 그리고 존재의 깊은 곳에서 퍼져 나오는 고요와 기쁨을 느낀다. 이런 훌륭한 의식 상태에서 자신은 물론 그 누구도 비난하지 않고 모든 실수와 잘못을 이해한다. 자신에 대한 변명도 타인에 대한 비판도 없이 모든 실패를 받아들인다. 다른 사람의 평가에 따라 당신의 몸을 보지도 당신 자신을 보지도 않는다. 그리고 화내는 자신, 질투하는 자신, 외로운 자신과 편해진다. 당신의 모든 부분이 옳다. 당신의 모든 부분이 마음에 든다. 관찰과 함께하는 이런 의식 상태라면 자유와 자비의 진정한 의미를 깨달을 것이다.

삶의 모든 경험에 꼬리표처럼 달리는 '좋았다' '나빴다' '추하다' '아름답다' '그랬어야 했다' '그러지 말았어야 했다' 같은 끝없는 코멘트들이 사라질 때 우리는 자부심도 모욕도 죄책감도 후회도 모두 초월한다. 그리고 모든 것이 신성해지는 순수한 의식의 영역으로 들어간다. 그곳에서는 모든 것이 그저 존재할 뿐이다. 당신 인생의 모든 사람이, 삶 자체가 이 우주의 흐름으로 단지 존재할 뿐이다.

그리고 그렇게 내면의 전쟁에서 빠져나올 때 열정이 깨어나고 삶의 더 큰 목적이 드러난다. 사랑하는 사람 옆에 오롯이 현존하고 공동체와 세상에 더 많이 기여할 수 있게 된다. 그리고 소중한 사람들과 세상을 위해 진정으로 무언가를 공헌하고 싶어진다.

'무엇이 이래야 하고 이러지 말아야 한다'에서 실제로 '존재하는 것'으로 나아간다. 그리고 우리 인생과 사랑에 빠진다. 우리 자신과 사랑에 빠진다. 이것이 바로 아름다운 의식 상태이다.

여기서 잠시 멈추고 심호흡을 하고 몸을 느껴봅니다.

이제 이래야 하고 이러지 말아야 할 것은 없습니다. 당신의 몸은 단지 존재할 뿐입니다. 천천히 호흡하며 당신의 가족을 떠올려봅니다. 그들에게 이래야 하고 이러지 말아야 할 것은 없습니다. 이들이 당신의 가족이며, 이들은 단지 그렇게 존재할 뿐입니다.

심호흡을 하며 당신의 집을 봅니다. 그곳에 이래야 하고 이러지 않아야 할 것은 없습니다. 그것이 당신의 집입니다. 그것은 그렇게 존재할 뿐입니다.

마지막으로 다정한 눈길로 당신의 자기비판을 관찰합니다. 그렇게 비판하는 당신 자신에게 화내지 않습니다. 미소를 지어줍니다. 그곳에 이래야 하고 이러지 말아야 할 것은 없습니다. 있는 그대로 존재할 뿐입니다.

있는 그대로의 모습을 평온하게 관찰할 때 고요하고 온전한 마음의 아름다운 상태로 들어갑니다. 자신과의 전쟁이 끝날 때 '아름다운 내 인생'이라는 새로운 노래를 부르게 될 것입니다.

소울 싱크 연습
'전쟁하는 자아'에서 '아름다운 자아'로 나아가기

온전히 고요하고 조화로운 상태로 있는 게 어떤 의미인지 느껴보겠다는 비전을 세우고 소울 싱크를 시작하자. 이번에도 앞에서 배웠던 소울 싱크 5단계를 하나씩 진행한다.(45~47쪽 참조)

그럼, 이제 6단계로 나아갈 차례이다. 아름다운 자신을 느끼거나 상상한다. 당신은 이제 당신 자신과 당신 인생과 다른 사람들과 그리고 세상과 전쟁 중에 있지 않다. 당신 자신과 평화로울 때 어떤지 바로 이 순간 느껴본다.

세 번째

신성한 비밀
인생 여정

마음을 열고 가슴에 있는 우주 지성을 알아차립니다.
이 우주 지성은 깊고 강한 힘,
고요함 혹은 사랑의 느낌으로 다가옵니다.

세 번째 신성한 비밀
우주 지성 깨우기
by 프리타지

인간의 몸은 60가지 자연 요소로 이루어져 있다. 이 글을 쓰는 현재 이 요소들은 약 160달러 값어치를 지닌다. 그중에서도 단 여섯 가지 요소인 산소, 수소, 탄소, 질소, 칼슘, 인이 우리 몸의 99퍼센트를 구성한다. 하지만 흥미롭게도 이 여섯 요소를 한 상자 안에 넣고 섞는다고 해서 우리 몸이 되는 것은 아니다. 60가지를 다 섞는다고 해도 인간이 나올 수 없다. 이 화학 혼합물로 인간을 구성하는 심장, 뇌, 혈액, 뼈 그리고 DNA를 만들려면 그 어떤 굉장한 지성이 필요하다. 이 60가지 요소가 어떻게 인간 존재를 형성하는 서로 다른 2백 종의 세포를 만드는지 일개 인간은 감히 짐작도 할 수 없다! 소나무, 버섯, 아메바, 고래, 코뿔소 등 당신이 만나는 모든 존재의 배후에는 우주 지성이 작동하고 있다.

이 지성은 우리 몸 어디에 있을까? 보통 뇌에 있다고 대답할 것이다. 우리 뇌는 신경세포 1천억 개, 지지세포 1조 개, 신경회로 약 1천조 개로 되어 있다. 그런데 심장에도 뇌의 그것과 비슷한 신경세포들이 거의 4만 개나 있어서 감정, 직관, 결정 과정에 관여한다는 것을 알고 있는가? 내장에도 5억 개의 신경세포가 있다. 뇌, 심장, 내장 모두 감정과 결정에 관여하는 기관들이다.

오앤오 아카데미에서 의식 변형 과정을 진행하다가 우리는 학생들이 오래된 기억을 척추 신경 세포의 각기 다른 지점에서 끌어내는 모습을 종종 목격했다. 일단 그 기억에서 해방되면 과거를 완전히 다른 방식으로 대하게 된다. 그리고 말과 행동이 더 긍정적이게 된다. 그러므로 뇌 지성이 있고 심장 지성이 있고 내장 지성도 있고 척추 지성도 있다.

지성은 몸의 어느 한 부분에 가둘 수 없다. 그리고 지성이 인간 몸의 뇌에만 국한되지 않듯이 뇌를 가진 생물에만 존재하는 것도 아니다. 뇌, 내장, 심장, 척추의 지성이 서로 연결되어 있는 하나의 지성인 것처럼 많은 형태의 생명체를 품고 있는 이 가시적이고 방대한 우주 그 배후에도 눈에는 보이지 않는 단 하나의 보편 지성이 있다. 그 지성에 접근할 수 있다면 어떨까? 물론 가능한 일이다.

우주 지성의 선물

소외감 혹은 갇힌 느낌으로 괴로워한 사람이라면 이 세 번째 신성한 비밀이 진정한 선물이 될 것이다. 많은 사람에게 세상은 단연코

차갑고 무정한 곳일 수 있다. 희망을 갖고 꿈도 꾸고 싶지만 그 누구도 그 무엇도 도와주지 않는 것 같아 포기해버린다. 하지만 꼭 그렇게 살 필요는 없다.

우주 지성에 눈을 뜨면 새로운 아이디어가 밀려들고 우연처럼 보이는 싱크로니시티가 일어나 삶이 자연스럽게 뜻한 쪽으로 흘러간다. 슈리니바사 라마누잔Srinivasa Ramanujan은 인도가 낳은 위대한 수학자이다. 라마누잔은 종종 의식이 완전히 열린 상태로 들어가곤 했는데 그때 우주 지성이 어려운 수학 공식이나 해법을 보여주었다. 그렇게 공식이나 해법을 보고 나면 다시 평소의 의식 상태로 돌아와 그 공식이나 해법을 역으로 증명했다. 그렇게 그가 증명한 공식들이 그가 죽은 지 98년 뒤인 현재 블랙홀의 양상을 이해하는 데 활용되고 있다.

모든 걱정, 두려움, 집착을 완전히 내려놓고 우주 지성에게 도움을 요청하기만 하면 답은 몇 분 안에 온다. 우주 지성은 당신 마음속에서 하나의 아이디어로, 당신 몸에서는 치유로 그 모습을 드러낸다. 그리고 외부 세상에서는 우연한 사건 혹은 단도직입적으로 인생의 문제에 대한 마법 같은 놀라운 해결책으로 그 모습을 드러낸다. 인도에 이런 우화가 있다.

어느 작은 마을의 동물들이 모두 숲으로 산책을 가기로 했다. 말, 당나귀, 쥐, 돼지, 박쥐 그리고 고양이 등 모두 집을 나섰다. 그런데 개가 마을회관에 사는 도마뱀이 없음을 알아차렸다. 그래서 개는 다시 마을회관으로 뛰어가 지붕에 앉아 있던 도마뱀에게 함께 산책을 가지 않겠느냐고 물었다. 도마뱀은 근심 어린 표정으로 대답했다.

"미안한데…… 난 갈 수 없어. 내가 이 지붕에서 내려가면 마을회관이 무너질 거야. 지금 내 배로 무너지지 않게 꽉 잡고 있거든."

두려움, 걱정, 절망 속에 있을 때 우리는 어쩌면 이 무지한 도마뱀과 같을지도 모른다. 두려움이 더 큰 진실을 보지 못하게 한다.

반대로 놓아주는 상태가 될 때 우리는 우주와 연결되고 그때 길이 선명히 드러난다. 그럼 잠들기 직전 혹은 꿈속에서 하나의 번쩍이는 아이디어로 대답을 얻게 될 것이다. 아침에 일어났더니 모든 것이 명확해질 수도 있다. 아니면 친구가 도움의 손길을 내밀 수도 있고 동료가 정확한 해결책을 제시할 수도 있다.

신성과 인간의 관계는 지구상에서 가장 오래된 관계 중 하나이다. 우리는 결혼 10주년, 25주년 등을 기념한다. 그런데 신성과 만난 지 1만 년 혹은 8만 년된 기념일은 축하하는가? 인류는 이 우주 의식과 가장 오래된 관계를 맺고 있다. 역사를 통틀어 이 신비한 관계에 대한 이야기들이 모든 나라에서 전해 내려온다. 이 관계를 이해할 때 또 다른 현실이 펼쳐질 것이다.

이 우주 의식 혹은 근원과의 관계가 매우 개인적인 문화도 있고 개인적이지 않은 문화도 있다. 이 관계는 영원한 관계이다. 미켈란젤로가 바티칸에 그려 묘사한 대로 우주 지성은 끝없이 일상의 세속적인 의식에 닿으려 하고 세속적인 의식은 끝없이 그 초월 지성에 닿기를 열망한다.

자연이 우리 뇌에 보고 듣고 만지고 느끼는 능력을 주었다면, 우주 지성을 경험할 창문도 하나 남겨주었다고 믿는다. 놓아주는 상태로 들어갈 때 우리 뇌의 특정 부분이 활성화되고 우주 지성과 맞닿게 되는 것 같다.

우리 아카데미 졸업생 가운데에는 우주 지성의 힘과 그 아름다움을 경험한 사람이 수도 없이 많다. 다음은 영국에서 온 어느 의사의 이야기이다.

이 의사는 마흔다섯에 건강검진을 받으러 갔다가 암 수치가 굉장히 높다는 결과를 보고 충격에 빠졌다. 하지만 의사들은 어디서 암이 자라고 있는지 정확하게 잡아내지 못했다. 의사는 자신에게 전적으로 의지하고 있는 아내와 딸들이 몹시 걱정되었다.

다른 여러 검사와 치료 후에도 암 수치가 내려가지 않자 이 의사는 뭐든 해보겠다는 심정으로 인도에 있는 아카데미를 찾아왔다. 우리와 함께 시간을 보내는 동안 의사는 두려움과 불안에 떠는 자신이 그 도마뱀 같다고 느꼈다. 자기가 없으면 마을회관이 무너질 거라던 그 도마뱀 말이다. 의사는 자기가 일찍 죽게 되면 아내와 아이들이 살아가기 힘들 것이고 살아도 비참하게 살게 될 거라고 확신했다. 아카데미에서 7일을 보낸 후 의사는 죽음에 대한 자신의 강박적인 두려움을 극복했다. 그리고 가슴속 우주 지성과의 강한 연결에 눈을 뜨게 되었다. 그렇다고 생각한 것이 아니라 정말 그렇게 발견하였다. 그리고 집으로 돌아갔는데 모든 암 수치가 정상으로 돌아와 있었다. 지금 이 의사는 오앤오 아카데미 트레이너로 활동하며 다른 사람들도 자신과 같은 그런 아름다운 상태에서 살도록 돕고 있다.

그런가 하면 또 다른 방식으로 우주 지성을 경험한 사람도 있다. 이 사람은 학업을 마치고 18년 동안 프랑스의 큰 자동차 회사에서 열심히 일했다. 우리를 만나기 몇 년 전 부사장으로 승진했고, 인도 지사 책임자로 인도에서 살게 되었다. 하지만 그는 그 발령이 내키지 않았다. 프랑스에는 자신이 친구들과 함께 이루어놓은 큰 공동체가 있었다. 그렇기에 프랑스에서 그렇게 멀리 떨어져 살고 싶지 않았다.

우연의 연속을 거쳐 그는 인도에서도 우리 캠퍼스까지 오게 되었다. 이곳에 있는 동안에도 자신이 얼마나 프랑스로 돌아가고 싶은지 끊임없이 말하곤 했다. 하지만 마침내 그 집착 때문에 자신이 얼마나 불행한지 보기 시작했다. 우리와 함께 다양한 과정을 밟아나가면서 불안감을 내려놓았고, 우주와 평화로운 관계를 만들었고, 우주 지성에게 길을 보여줄 것을 부탁했다. 그 뒤로도 그는 회사의 이런저런 불편한 사내정치를 편안한 마음으로 받아들이기 시작했고, 유명한 자동차 회사의 임원으로서 인도의 도로 사정에 크게 공헌한 자신을 자랑스럽게 여기기 시작했다. 그는 자신의 일을 통해 많은 사람에게 일자리를 만들어주었고 운전자들이 안전하게 운전할 수 있도록 해주었다. 아침마다 소울 싱크 명상으로 하루를 시작했고 집착을 거듭 놓아주면서 우주 지성과 연결하는 아름다운 의식 상태로 하루를 마감했다. 고요한 의식 속에서 매일 새로운 아이디어가 떠오르기 시작했다. 문제가 해결되었고 눈부실 만큼 좋은 성과를 거듭 이루어냈다. 그때 즈음 프랑스 본사에서 청정에너지 관련 프로젝트가 생겼고 이것이 뜻하지 않은 기회가 되어 다시 프랑스에서 해당 분야 임원으로 일하게 되었다. 우주 지성이 그를 위해 문을 하나 열어주었다.

당신도 우주 지성과 연결하고 싶은가? 그럼 다음 연습을 해보기 바란다.

우주 지성을 향한 네 단계

[1단계] 당신이 원하는 것에 대한 불안감, 두려움, 조급함을 내려놓습니다(앞에서 배운 '고요한 마음명상'이 도움이 될 것입니다).

[2단계] 마음을 열고 가슴에 있는 우주 지성을 알아차립니다. 이 우주 지성은 대부분 깊고 강한 힘, 고요함 혹은 사랑의 느낌으로 다가옵니다. 가슴속 신비한 광채나 본인만의 신성의 모습으로 경험될 수도 있습니다. 아니면 무한한 존재를 느낄 수도 있습니다.

[3단계] 당신이 원하는 것을 기쁜 마음으로 요청합니다. 구체적으로 분명하게 요청합니다. 살아 있는 친구에게 말하듯 우주 지성에게 요청합니다.

4단계 당신이 원하는 것이 이루어지는 모습을 떠올려봅니다. 그리고 감사함을 가슴 가득 채웁니다.

이 네 가지 단계를 밟기 위해 무언가를 믿을 필요도 특정 명상을 규칙적으로 수련해야 할 필요도 없음을 기억합니다. 원하는 때 언제든 이 연습을 하면 됩니다. 우리의 프랑스인 친구처럼 잠들기 전에 치르는 밤의 의식으로 만들어도 좋습니다.

밤의 의식을 위한 단계적 안내

1. 조용히 눈을 감고 천천히 심호흡을 합니다. 의식적으로 호흡합니다.
2. 우주 지성의 도움이 필요하다고 느끼는 구체적인 상황을 눈앞에 떠올립니다. 당신은 언제 막다른 골목이라고 느끼나요? 어떤 문제를 마주할 때 머리를 쥐어짜고 노력을 쏟았는데도 풀리지 않는다고 느끼나요?
3. 다음 만트라(주문)를 반복합니다. "내 작고 제한된 자아가 느끼는 몸부림을 내려놓고 우주 지성에게 내 문제를 맡깁니다." 정말 그렇게 진심으로 느낄 때까지 세 번 반복합니다.
4. 조용히 가슴에 집중합니다. 우주 지성이 자연스럽게 드

러나도록 받아들입니다. 우주 지성은 강력한 힘, 더할 수 없는 평화, 위대한 사랑 등으로 나타날 수 있습니다. 가슴에서 신비한 형태의 존재를 볼 수도 있고 형태 없는 무한한 존재를 느낄 수도 있습니다.

5. 가슴에서 무엇을 느끼든 그것이 마음껏 펼쳐지게 허락하고 거기에 흠뻑 빠져 봅니다.

6. 그 존재를 기쁘게 관찰하고 마치 친구에게 말하듯 합니다. 당신이 가장 원하는 것을 이루어달라고. 절대적으로 신뢰하는 사람에게 말하듯 당신의 진심을 말합니다.

7. 원하는 것이 이루어지는 현상을 관찰합니다. 그것을 만끽하는 당신을 봅니다. 그 기쁨을 느낍니다.

이번에 들려줄 이야기는 우주 지성과 연결될 때 얼마나 강력한 일들이 생기는지 잘 보여준다. 앞에서 말했듯이 크리슈나지는 부모님의 비전을 실현하기 위해 명상 공간, 에캄을 건축했다. 그런데 에캄은 그저 아름답기만 한 건축물이 아니다. 에캄은 사람들이 일상을 벗어나 자연스럽게 우주 지성과 연결하게 해주는 신비한 힘이 있는 곳이다.

연애소설 작가인 줄리는 2018년 8월에 있었던 에캄 세계평화축제, 그 첫날 행사에 참석하지 못할 뻔했다. 그럭저럭 행복한 삶을 살고 있어서 굳이 영적으로 깊이 들어갈 필요는 없다고 생각했다.

하지만 줄리는 문득 호기심을 느꼈고 축제에 참가하기로 했다.

에캄에서의 첫날 자신의 깊은 염원을 보라는 지시를 듣고 줄리는 병을 오래 앓고 있던 남자친구를 생각했다.

'그가 고통에서 벗어날 수 있다면 뭐든지 하겠어. 그를 정말 사랑하지만 우리 관계가 그의 자유를 구속한다면 떠나보내야 할 거야.'

에캄에 도착한 다음 날, 난생 처음 쑤시는 듯한 통증을 온몸으로 느꼈다. 그럼에도 명상을 계속하자 자신이 느끼는 통증이 남자친구가 묘사한 통증과 매우 비슷하다는 사실을 깨달았다.

집에서라면 당장 진통제를 찾아 먹었겠지만 줄리는 통증을 가만히 느껴보기로 했다. 줄리는 남자친구와 함께 수많은 의사를 만나보았다. 하지만 그날 처음으로 그가 만성 통증으로 얼마나 힘들었는지 알게 되었다.

에캄에서 줄리는 많은 깨달음을 얻었고 그것을 남자친구와 빨리 공유하고 싶었다. 하지만 집에 도착하자마자 뜻대로 되는 일이 하나도 없었다. 남자친구와의 사이에서 문제들이 튀어나오기 시작했다. 같이 지내던 첫 1년 동안 묻어두었던 문제들이 모두 한꺼번에 터져나왔다.

연애 초기 가장 친밀하고 달달한 기간 동안 서로에게 참고 말하지 않았던 것들이 수면으로 떠올랐고, 둘 사이의 긴장감이 계속 커졌으며 그만큼 서로가 타인처럼 느껴졌다. 상황이 더 악화되자 한동안 줄리는 이제 더는 함께 미래를 상상하는 일이 불가능하다고 느꼈다. 헤어짐 외에 다른 대안은 없다고 생각했다. 하지만 절망감이 극에 달했을 때조차 줄리는 에캄에서의 경험, 특히 자신이 실제로 느꼈던 그 통증을 잊을 수 없었다. 줄리는 그 누구도 그런 고통을 다시 느껴서는 안 된다고 생각했다. 에캄에서 자비심의 초월 상태로 한 번 깨어났던 줄리는 다시 그 상태를 느껴보았다. 그러자 남자친구와의 사이에서 무슨 일이 일어나든 절대 그를 잔인하게 대하지는 않겠다는 결심이 섰다. 하지만 그녀는 스스로를 어떻게 대하고 있었는가?

줄리는 에캄에서 보았던 자신의 염원를 돌아보았다. 줄리는 남자친구가 통증에서 벗어나기를 바랐다. 자신이 그를 잃게 되는 한이 있더라도 말이다. 왜 줄리는 남자친구의 건강에 그녀 자신을 고통스럽게 할 조건을 단 걸까? 줄리는 왜 신성과 거래를 해야 한다고 느꼈을까? '당신이 내 남자친구를 다시 건강하게 해주면 나는 내게 무엇보다 소중한 사랑을 기꺼이 희생하겠습니다.' 왜 줄리의 우주 지성은 한없이 베풀지 않고 선을 그을까? 마치 줄리가 어릴 때부터 탐식했던 이야기들이 희생 없는 사랑은 없다는 믿음을 주입한 것마냥, 그녀는 로맨스는 항상 절망으로 끝나기 마련이고, 우주는 절대로 대가 없이 베풀지 않는다고 믿었다.

이제 줄리는 사랑과 건강 사이에서 하나를 선택해야 한다고 생각하지 않는다. 우주 지성의 신성한 비밀 덕분에 줄리는 '벌을 내리는 우주'라는 인식이 수 세기에 걸쳐 만들어진 잘못된 선입견임을 깨달았기 때문이다. 우주가 무한히 호의적임을 확신한 줄리는 남자친구와 함께 건강과 사랑 모두 만끽하는 미래를 꿈꾸기 시작했다.

그런데 바뀐 것은 미래에 대한 줄리의 비전만이 아니었다. 줄리는 동시에 자신의 내면 상태 및 우주 지성과도 깊은 관계를 맺기 시작했다. 그래서 불편한 일이 일어나도 더는 자신에게 '긍정적으로 생각하기'를 강요하지 않는다. '완벽한' 파트너가 되려고 애쓰지도 않는다. 잘못될 수도 있다는 걱정으로 행복해야 할 순간을 놓치지도 않는다. 걱정이나 두려움이 모두 사라졌다는 의미는 아니다. 하지만 불안한 느낌이 들어도 이제 세 번째 신성한 비밀에 의지하며 우주에게 도움을 요청한다. 그리고 그 즉시 도움을 받는다. 따뜻함, 사랑, 연결되었다는 느낌이 들고 인생에서 일어날 그 어떤 난관에도 맞설 힘을 얻는다.

줄리처럼 다른 많은 학생들도 화목한 인간관계를 영유하고 싶어 한다. 이 책을 계속 읽으면 다음 인생 여정으로 사랑에 눈뜨는 법, 부모나 연인만이 아니라 우리가 만나는 모든 사람과 더 풍성하게 교감하는 법에 대해 배울 것이다. 우주 지성과 연결되기 위해 '놓아주기'가 소중한 것을 포기하라는 뜻이 아님을 꼭 기억하자. '놓아주기'란 삶의 문제를 둘러싼 고통의 상태인 절망에서 벗어나는 것을 의미하고, 처벌에 대한 두려움 혹은 좋은 것을 받을 자격이 없다고 느끼는 죄책감에서 벗어남을 뜻한다. 고통의 상태가 우리를 서로 소외시키듯, 우주 지성에 닿으려고 하면서 동시에 고통의 상태에 빠져 있다면 우주 지성의 힘은 늘 우리 손 밖에 머문다. 의식의 아름다운 상태일 때에만 우주 지성, 그 근원이 주는 진정한 축복을 받을 수 있다. 그리고 모든 신성한 비밀은 서로 상호연결되어 있음을 기억하자. 이 비밀을 모두 받아들일 때 비범한 운명을 실현할 수 있다.

자신을 판단하지 않습니다.
그 관계의 기반이 무엇인지
관찰하기만 합니다.

진심 어린 동반자 되기

by 프리타지

사람은 대부분 제 짝을 찾고 싶어한다. 누구나 동반자 혹은 사랑을 원한다. 하지만 사랑이 정말 무엇인지 발견한 사람이 몇이나 될까?

사랑과 연결의 아름다운 상태에서 살다보면 자신과 잘 맞는 사람을 끌어당기고 그 관계를 평생 유지하게 된다. 하지만 진정한 사랑을 깨닫지 못하면 잘 맞는 사람이 나타나도 잘못된 만남으로 끝나기 쉽다.

꼭 지금 사귀는 사람이 있어야 이것을 깨달을 수 있는 것은 아니다. 이전의 관계든 현재의 관계든 우리 내면의 진실을 들여다보고 그 제한적이고 괴로운 경험을 거듭하지 않도록 하자. 우리는 지금 여기서 사랑의 의식 상태를 발견한다. 모든 관계를 아름답게 바꿀 멋진 잠재성을 가진 바로 그 상태 말이다.

내 인생 단 하나뿐인 사랑

보기만 봐도 무장해제가 되는 사람, 누구나 그런 사람을 만나고 싶어한다. 아무 부담 없이 있는 그대로의 모습을 보여줄 수 있고 함께 있는 것이 흥미롭기만 하고 서로에게 깊이 고마워하는 관계, 그런 관계를 누군들 꿈꾸지 않겠는가? 아름다운 음악이 영혼을 감싸는 것 같은 사랑, 그런 사랑을 누군들 염원하지 않겠는가? 이런 사랑은 취향과 열정과 관심이 같다고 해서 저절로 생기진 않는다. 이런 사랑은 두 사람이 아름다운 연결 상태로 깨어날 때 생긴다.

무슨 연결 말인가?

아홉 살 무렵, 나는 다른 사람들이 나처럼 인생을 경험하지 않는다는 사실을 알고 충격에 빠졌다. 내가 기억하는 한 나는 늘 어머니, 아버지, 언니가 느끼는 것을 그대로 느꼈다. 심지어 선생님과 친구들이 느끼는 것도 그대로 느꼈다.

그들의 생각을 읽는다는 뜻이 아니라 그들이 느끼는 것을 나도 느꼈다는 말이다. 마치 우리 사이에 그 어떤 구분도 없는 것처럼. 그리고 바로 그 느낌에 기초해 그들에게 대응할 수 있었다. 나는 아홉 살까지 다른 사람들도 모두 나와 비슷할 것이라 생각했다.

그런 연결은 그때나 지금이나 항상 내 존재의 자연스러운 상태이고, 나는 살아오는 동안 꽤 많은 사람들과 진심어린 연결을 나누었다. 하지만 여기서는 내 어머니와 크리슈나지에 대해서만 이야기하려고 한다.

나는 꽤 안정적이고 행복한 어린 시절을 보냈다. 부모님은 언니와 나를 잘 보살펴주었다. 나는 항상 농담처럼 내 어린 시절의 문제는 딱 하나뿐이라고 말했다. 나는 어머니가 나보다 언니를 더 사랑한다고 느꼈다. 하지만 아버지가 나를 더 사랑하는 것 같으니 괜찮다고 생각했다!

어머니는 두 딸을 위해 많은 것을 희생했다. 최고의 교육을 받게 했고 더 큰 문화를 경험하게 해주었다. 늘 음식을 잘 챙겨주었고 결코 상처를 준 적도 없었다. 크리슈나지를 만나기 전까지 내가 느낀 가장 위대한 사랑의 존재는 어머니였다.

결혼 후 나는 존재와 존재를 이어주는 더 강한 연결을 경험했고, 그런 연결이 무엇을 의미하는지 더 잘 이해하게 되었다. 크리슈나지는 내가 무엇을 필요로 하는지 보살피는 것은 물론이고 내 깊은 내면의 상태까지 헤아렸다. 이렇게 설명하면 어떨까. 나를 보살피고 지지해주는 것은 내 어머니와 똑같은데 크리슈나지는 거기서 그치지 않았다. 그는 내가 어떻게 느끼는지에 관심을 기울였다.

내가 슬프거나 스트레스를 받으면 그는 결코 모른 척하지 않는다. 내가 불행해하면 돌봐주고 그런 상태에서 빠져나올 수 있게 도와준다. 내가 기뻐하면 자기 일처럼 기뻐한다. 기분 좋을 때 사랑받는 것도 의미가 있지만, 언짢을 때도 판단 없이 있는 그대로 받아주는 느낌은 완전 다른 차원이다. 물론 크리슈나지도 가끔 나를 귀찮아하기도 한다. 하지만 그럴 때조차도 금방 내가 어떻게 느끼는지부터 살핀다. 이것이 크리슈나지가 나에게 주는 가장 값진 선물 중 하나이다.

결혼하고 22년을 함께 사는 동안 그는 늘 한결같다. 나를 바꾸려 하지 않으므로 그와 함께 있으면 마음이 편해지고 가벼워진다. 그는 내가 어떻길 바라는 기대를 하지 않는다. 이런 편안함과 연결의 느낌은 자연스럽게 나에게서 그에게로 그리고 우리 딸에게로 퍼져 나간다. 그러므로 여기서 우리가 말하는 연결이란 곧 사랑과 세심함을 통한 연결이다. 나는 감히 말할 수 있다. 이런 사랑과 세심함이 우리 아카데미에서도 자연스러운 문화가 되어 곳곳에 퍼져 있다고. 우리 학생들은 이곳에서 가족의 진정한 의미를 배우고, 집에서 가족과 함께 있는 것 같다고 말한다. 실제로 우리 학생들은 내면의 존재 상태를 잘 보살펴주는 아카데미 선생님들 덕분에 사랑과 세심함이 가득한 아름다운 삶에 마음을 열곤 한다.

서로에 대한 기대나 부담 없이 모두가 공유하는 연결 상태는 만병통치약이다. 삶의 모든 어려운 문제를 해결하고 정복해 나가는 길을 알려주는 조용하고 강한 힘이다. 이 아름다운 연결 상태는 누구나 얻을 수 있다. 자신과의 전쟁, 과거 · 현재와의 전쟁을 끝내고 평화를 되찾으면 말이다.

하지만 어떻게 그럴 수 있을까? 숨 막히는 자기 집착에서 벗어나 아름다운 의식 상태에서 살아가면 되며, 이는 충분히 가능한 일이다. 이때 서로 진화하겠다는 상호간의 다짐이 친밀한 관계의 발전에 꼭 필요하다. 자신을 완전히 포용할 때만이 다른 사람도 진정으로 받아들일 수 있고, 자신도 진정으로 받아들여졌다 느낄 수 있다. 다시 말해 과거를 더는 부끄럽게 여기지 않아야 편안히 다른 사람과 함께할 수 있다.

현재의 당신을 편안히 지켜볼 수 있어야 다른 사람이 당신을 얼마나 존중하는지 느낄 수 있다. 현재 당신이 온전하다고 느껴야 다른 사람에게 온전히 집중할 수 있고 자연스럽게 사랑으로 대응할수 있다. 바로 그런 상태여야 부모로서 아이들에게 아름다운 삶을 안내할 수 있다.

동화 풀어내기

그림형제의 동화《개구리 왕자》는 매우 유명한 이야기이다. 디즈니 애니메이션 〈공주와 개구리〉로도 제작되었는데 오프라 윈프리가 목소리 연기를 하기도 했다. 앤 섹스턴Anne Sexton이 지은 시의 주제가 되기도 했고, 신화학자 조지프 캠벨Joseph Campbell이 이야기의 깊은 상징성에 대해 논하기도 했다.

옛날에 한 외로운 공주가 살았는데 어느 날 공주는 자신이 가지고 놀던 황금 공을 연못에 빠뜨리고 말았다. 그러자 어디선가 말하는 개구리가 나타나 자기와 친구가 되어준다면 공을 찾아주겠다고 했고, 공주는 그러겠다고 한다. 사실 공주는 미끌미끌 개구리 친구가 그리 마음에 들지 않았다. 그 개구리가 왕자로 변하기 전까지는.

현실 속에서 우리는 일단 왕족 같은 멋진 사람과 사랑에 빠졌다고 믿는다. 그러다 그 왕족이 구두에 진흙을 잔뜩 묻힌 채 집 안에 들어오거나, 도대체 말귀를 못 알아듣는 짜증나고 막돼먹은 창조물로 변신하는 모습을 공포에 질린 채 목격한다!

처음 사랑에 빠질 때는 얼마나 심장이 두근거리는가. 하지만 곧 현실에 눈을 뜨고 상대의 진짜 모습을 보게 된다. 진흙으로 인형을 만들다 결국에는 버리고 마는 아이처럼 이제 재미가 없으니 관계를 깨버리고 또 다른 상대를 찾기 시작한다. 이번에는 꼭 평생 기다렸던 그 사람이 나타나리라 믿으면서.

그러는 동안 진짜로 무슨 일이 벌어지고 있을까? 한때 정신을 못 차리게 좋아했던 사람이 왜 갑자기 지루하고 짜증나게 하는, 무심한 사람이 되어버렸을까? 진정한 사랑을 약속하며 시작한 관계가 왜 이렇게 늘 씁쓸하게 끝나버릴까? 사랑의 꿈은 왜 늘 악몽이 될까? 그것도 당장 깨어나고 싶은 악몽!

사랑이 흔들리는 이유는 명백하다. 우리는 자신에게 이렇게 말한다. '그가 문제야. 난 잘못이 없다고!' '상대가 조금만 더 배려할 줄 알았더라면, 조금만 더 책임감이 있었더라면, 조금만 더 로맨틱했다면, 그럼 우리는 여전히 사랑하고 있었을 거야.' 습관적으로 그렇게 생각하지 않는가?

이제 우리 삶 속 동화를 파헤쳐보자. 낡은 사고 패턴을 버리고 더 깊은 진실로 들어가보자.

우리 아카데미의 학생인 문은 남자친구와 끝내고 싶다고 했다. 요가 강사인 문은 정신없던 한 주를 겨우 끝낸 상태였다. 빽빽한 요가 수업과 미뤄두었던 개인적인 일로 조바심 속에 보낸 한 주였다.

다음 주 일정을 보니 또 쉴 틈이라곤 없었다. 뭔가 쫓기는 느낌에 슬슬 화가 나서 차에 올라 액셀을 밟았다. 도로는 거의 텅 비어 있었다. 그래서 그랬을까. 문은 반대편에서 빠르게 달려오는 자동차를 미처 보지 못했다. 충돌을 피하려고 뒤늦게 방향을 틀었지만 인도를 들이받고 말았다. 다행히 에어백이 터져서 크게 다치지는 않았다. 수년간 요가로 다져진 몸이라 몸의 충격도 그리 크지 않았다.

반면 자동차는 못 쓸 정도로 찌그러졌다. 정신이 혼미했지만 사고 처리를 위해 근처 경찰서로 갔다. 경찰서에서 부모님 연락처를 말하고 싶지는 않았다. 부모님이 오면 안전운전에 대해 또 잔소리를 들을 게 뻔했다. 다른 누구를 부를까 고민하던 중 갑자기 등 뒤로 남자친구의 익숙한 목소리가 들렸다. 안도와 놀라움이 교차하는 마음으로 돌아보니 그곳에 아니나 다를까 남자친구가 서 있었다. 남자친구는 고객과 약속이 있어 나가던 길에 문의 차가 찌그러져 있는 것을 보았다고 했다.

문이 다친 데가 없음을 확인하자마자 남자친구는 어떻게 그렇게 아무 생각 없고 부주의할 수가 있는지 '온갖 말로' 심하게 꾸짖었다. 경찰의 질문에 답하고 서류를 작성할 때조차 그녀에게 화내기를 멈추지 않았다.

문은 남자친구의 매정함과 잔소리에 심한 상처를 받았다. 화도 나고 외롭기도 해서 눈물이 날 지경이었다. 문은 경찰서 의자에 앉아서 생각했다.

'정작 도움이 필요할 때 내 감정은 하나도 알아주지 않는데 이게

무슨 사랑이야? 어떻게 저런 남자와 평생을 살아? 이 사람은 내가 원했던 사람이 아니잖아.'

문은 배려라곤 모르는 남자와 함께 살 수 없다고 확신했다. 그렇게 경찰서 구석에 앉아 눈물을 삼키며 헤어질 각오를 하고 있을 때 갑자기 전환이 일어났다. 몇 달 전 우리 아카데미에서 받았던 가르침 하나가 떠올랐다. '고통의 의식 상태는 자기 집착 때문에 계속된다'라는 가르침이었다. 당시에는 알 듯 말 듯한 가르침이었다.

그것은 마치 타고 있던 배가 가라앉고 있는 도중 마침내 물이 어디서 새는지 알게 된 것과 비슷했다. 이제 문은 남자친구를 비난하는 대신 자기 집착에 빠져 있는 자신의 생각을 관찰하기 시작했다. 문은 두 번째 신성한 비밀, 즉 내면의 진실, 그 힘을 발견하였다.

문은 자기를 구하러 와준 남자친구의 방식이 잘못되었다고 비난하고 있었다. 그렇게 비난하느라 자신을 돕기 위해 그가 해준 일에는 무심했다. 그녀에게 중요한 것은 남자친구에 대한 자신의 기대뿐이었다. 고통의 의식 상태라서 자신을 도우러 와준 남자와 심지어 헤어지겠다는 생각까지 했다. 문은 실망하고 화가 나면 자신이 얼마나 바보가 되는지 보았고 놀라지 않을 수 없었다. 그 순간에는 연결도 교감도 없었다.

문은 눈을 감고 남자친구의 존재 상태를 느껴보았다. 그러자 그가 느끼는 것이 느껴졌다. 자기 못지않게 남자친구도 그 상황에 스트레스를 받고 있었다. 그녀에게 무슨 일이라도 일어났으면 어쩌나 하고 불안해하고 있었다. 문은 그 불안이 자기가 느끼던 불안과 다르지 않음을 깨달았다. 표현 방식만 달랐을 뿐이다. 그가 어떻게 느끼는지를 알게 되자 그의 표현 방식이 더는 중요하지 않았고, 그가 그녀를 얼마나 보호하고 싶어하는지만 보였다. 문은 그를 느낄 수 있었다. 그 순간 문은 '하나임oneness'을 경험했다.

눈을 뜨자 경찰관과 악수를 하는 남자친구의 모습이 보였다. 남자친구가 웃으며 문에게 다가왔고, 문은 눈물을 머금은 채 그의 눈을 깊이 응시했다. 내면의 진실을 보고 연결할 수 있게 되었으니 이제 자신의 인생이 매일 더 아름다워질 거라 확신하게 되었다.

여기서 잠시 쉬어갑니다.

천천히 깊게 호흡하며 이완합니다.

그리고 당신이 살면서 경험했던 연결의 순간으로 돌아가봅니다. 다른 사람의 내면 상태를 느꼈거나 그 사람이 당신 내면 상태를 느끼고 있다고 믿었던 순간을 떠올려봅니다.

그런 연결의 순간은 반드시 친밀한 관계에서만 일어나는 것은 아닙니다. 잠시 그 연결의 순간에 푹 잠겨봅니다. 그런 순간을 당장 떠올릴 수 없어도 초조해하지 않습니다. 언젠가는 기억날 것입니다. 누구나 그런 순간을 경험합니다. 그 상대가 사랑하는 사람일 수도 있고 낯선 사람일 수도 있고 반려동물일 수도 있고 자연일 수도 있습니다.

사람들은 종종 사랑하는 사람에게서 느꼈던 처음의 끌림이 왜 사라지는지 묻는다. 어쩌면 인간의 육체는 종의 유지에만 관심이 있는지도 모르겠다. 그래서 특정 시점까지만 상대의 매력에 사로잡히도록 진화하였다. 하지만 그 시점이 지나면 내면적으로 진화하는 우리의 능력이 전면에 나서야 한다.

관계가 깨지는 이유는 서로 더는 끌리지 않아서가 아니라 각자 자기 집착 상태에 너무 익숙해진 나머지 쉽게 단절되기 때문이다. 단순한 끌림을 넘어서서 사랑과 연결을 지속하려면 반드시 분리에서 연결로 우리 의식 상태를 바꾸어야 한다. 습관적인 자기 집착을 깰 때 '타인 중심적other-centric' 의식의 힘을 깨닫게 된다. 그렇게 되면 타인은 이제 낯선 사람이 아니다. 타인이 느끼는 것을 우리도 느끼기 시작하고 그에 따른 즉각적인 대응, 즉 사랑이 가능할 테니까 말이다.

우리는 무엇을 추구하는가?

가장 소중한 관계에서 우리는 무엇을 갈구하는가? 편안함? 인정? 즐거움? 이 질문에 대한 답은 다양하다. 하지만 우리 뇌와 심장과 몸이 기본적으로 열망하는 것은 연결의 아름다운 상태이다. 이 연결은 우리 뇌 자체를 살아 있게 하는 묘약이다. 우리 영혼에 자양분을 제공하는, 사랑과 연결의 아름다운 의식 상태가 없다면 삶은 황량하기 그지없을 것이다.

사랑이 없다면 우리는 아름다운 삶의 신기루만 좇는 사막의 방랑자와 같다. 아름다운 연결의 상태로 깨어나지 않으면 사랑은 유지될 수 없다. 물론 처음 연애를 시작하면 그 사람이 내가 원했던 모든 것을 해줄 것만 같다. 이 사람은 나를 잘 돌봐줄 것이고, 내가 얼마나 특별한 사람인지 알아볼 것이고, 내 인생을 다시 아름답게 만들어줄 것이라고 생각한다. 하지만 다시 시작한 로맨스에 도취해 있는 동안 예의 그 고통의 상태를 새 관계 속으로 그대로 갖고 들어가고 있음을 대부분 눈치 채지 못한다. 좋은 것만 보이는 콩깍지가 낀 단계가 지나면 상대가 생각 없이 한 말이나 행동이 봉합선을 뜯어버리게 되고, 그러면 우리가 그렇게나 덮어두고 싶었던 모든 상처가 터져 나온다. 이내 참을 수 없는 고통이 찾아오고 또다시 상처를 받게 된다.

게다가 그렇게 한 번씩 상처받을 때마다 마음을 열고 사람을 신뢰할 수 있는 능력에 금이 간다. 나의 선택에 의문을 품게 되고 나아가 나 자신에게 의문을 품기 시작한다. 독립적인 척, 스스로 충분한 척하지만 그런 강인해 보이는 겉모습 뒤에는 너무 깊은 상처를 받아서 더 이상의 고통은 거부하며 마음의 문을 굳게 닫아버린 사람이 있다.

물론 우리는 모두 인간이고 복잡한 관계들 속에서 최선을 다하고 있다. 상처를 받고 실망했다고 해서 비난받을 일은 아니다. 하지만 이 관계에서 저 관계로 상처 입은 의식 상태를 그대로 가지고 간다면 예상치 못한 이상한 문제들이 계속 터질 것이다. 과거 관계에서 겪었던 고통에서 벗어나지 못하면 같은 패턴을 반복하며 더 큰 드라마와 문제의 위험 속으로 달려 들어가게 된다. 고통스러운 기억을 떠올리게 하는 행동이나 사건이 하나라도 터지면 매우 위험하고 파괴적인 쳇바퀴에 빠져 헤어 나오지 못하게 될 수도 있다.

두 개의 기반

한 번은 매우 바쁜 다국적 기업의 CEO가 우리에게 이렇게 물었다.

"저는 출장을 많이 다니는데 그럴 때마다 아내와 조금씩 멀어지는 느낌입니다. 어떻게 하죠?"

두 사람 사이에 커져가는 거리감을 단순히 일정 조정이나 서로 휴가를 맞추는 걸로 좁힐 수 있을까? 그보다는 더 근본적인 대책이 필요하지 않을까?

당신은 왜 그런 관계를 유지하는지 진심으로 자문해본 적 있는가? 누군가와 함께할 때 영적 비전을 알고 있다면 그 관계에서 일어나는 모든 의문에 대부분 스스로 답할 수 있다. 예를 들어 서로 얼마의 시간을 함께 보내야 하고, 또 얼마의 시간은 각자 보내야 하는지 정확하게 안다. 그리고 살면서 무엇을 함께해야 하는지도 잘 알게 된다. 모든 관계에서 일어날 수 있는 문제를 해결하고 지속적인 관계를 구축하는 데 필요한 지혜도 얻게 된다.

여기서 잠시 멈추기 바랍니다.

현재 관계 혹은 과거의 관계에 대해 생각해봅니다. 부부관

계, 파트너와의 관계, 아이 혹은 부모와의 관계, 친구 혹은
동료와의 관계 등 당신에게 소중한 관계라면 무엇이든 좋습
니다.

자신에게 물어봅니다. '나는 왜 이 사람과 관계를 맺고 있
지? 우리 관계의 기반은 무엇이지? 무엇 때문에 관계를 유
지하는 거지? 혹시 외모, 쾌락, 돈, 지위 혹은 재미 때문에
만나는 피상적이고 단편적인 관계인가? 아니면 우리를 연
결해주는 더 깊은 무언가가 있을까? 혹시 외로워서, 혹은
보호받고 인정받고 싶은 필사적인 마음에 이 사람을 만나는
건가? 아니면 나는 이 사람과 깊은 연결성을 느끼는가?'

자신을 판단하지 않습니다. 그 관계의 기반이 무엇인지 그
저 관찰합니다.

외적인 요소에만 기반한 관계라면 쉽게 깨지기 마련이다. 아주 작
은 진동에도 무너져버린다. 사소한 일에도 마음이 흔들리고 자신의
선택을 의심하기 시작한다. 영혼을 성장시키는 아름다운 연결 상태
가 아니라면 젊음, 아름다움, 물질, 시간을 낭비하고 있는 것과 같다.

일생을 물질적으로 풍족하게 사는 사람이라도 관계에 있어 내면
이 궁금해지는 경험은 누구나 해보았을 것이다. 그런 관계에서는
편안함도 감정의 깊이도 없다. 항상 서로를 판단하고 판단 받을 뿐
이다. 조건이 조금이라도 변하면 열정은 순식간에 식어버린다. 혹

은 변덕스럽게 다른 사람으로 애정이 옮겨간다. 당신이 원하는 것을 더 많이 가진 다른 사람으로. 이런 관계에 있는 사람들은 대부분 가볍고 경박한 관계만 하다 헤어진다.

돈, 아름다운 외모를 즐기지 말아야 한다는 뜻일까? 즐거움을 주는 일을 삼가란 뜻일까? 물론 아니다. 하지만 그런 것들이 관계의 기반이 되고 그 이상의 발전이 없다면 불행해질 수밖에 없다.

때로 우리는 이전 관계가 남긴 상처를 극복하지 못해서 혹은 외롭고 따분해서 새로운 관계를 시작한다. 새로운 관계가 주는 신선함 덕분에 그 상처와 외로움을 한동안은 잊겠지만 새 관계에서 예전의 존재 상태로 빠지기는 시간 문제이다. 관계는 불행을 끝내기 위해서 맺는 것이 아니다. 당신 존재를 온전히 공유하기 위해 시작하는 것이다.

여기서 잠시 멈추기 바랍니다.

그리고 당신이 사랑하고 좋아하는 사람을 떠올려봅니다. 심호흡을 몇 차례 하며 그 사람의 이미지를 가슴 속에 떠올립니다. 눈을 감고 몇 초 정도 가만히 있습니다. 그리고 마음 속으로 떠오르는 것이 무엇이든 그대로 느껴봅니다. 연결, 신남, 평화, 기쁨의 아름다운 상태가 느껴지나요? 아니면 외로움, 상처, 따분함, 무관심의 스트레스 상태가 느껴지나요? 당신 내면의 상태가 어떤지 알아차렸다면 조용히 미소를 짓습니다.

앞에서 우리는 '영적 비전'이라는 첫 번째 신성한 비밀을 밝혔다. 이 비밀은 개인에게만 해당하는 것이 아니다. 영적 비전이라는 강한 기반이 구축된다면 관계도 진화하고 발전한다.

관계는 상대의 존재 상태에 대한 비전을 서로 공유할 때만이 그 모든 실망과 문제를 극복하고 발전할 수 있다. 영적 비전은 셀 수도 없이 많은 결혼이나 우정이 깨지는 것을 지혜롭게 막았고, 부모와 아이의 상처 입은 마음을 치유했고, 많은 조직에서 진실로 협력하는 문화를 만들어냈다.

영적 비전에 기반한 관계가 아니라면 어둠을 틈타 그림자 두 개가 조용히 그 관계에 침투해 분리와 분열을 낳을 것이다. 바로 상처의 그림자와 권태의 그림자이다. 이제 이 두 그림자의 올가미에서 벗어나 영적 비전의 빛으로 나아가자. 우리와 함께 진실, 자유 그리고 연결로 향한 이 여정을 계속 가보자.

상처의 그림자

인도에는 다음과 같은 옛날이야기가 하나 전해진다. 상처가 우리 삶에 얼마나 긴 그림자를 드리우는지 비유적으로 보여주는 이야기이다.

네 명의 친구가 숲을 가로지르고 있었다. 넷은 모두 다방면의 기술과 과학에 능숙했다. 얼마 가지 않아 뼛조각 무덤이 하나 나타났다.

첫 번째 친구가 다른 세 명에게 말했다.

"봐봐, 나는 이 뼛조각들을 모아서 뼈대를 하나 만들 수 있어."

두 번째 친구가 말했다.

"그러지 마, 그 뼈대에서 뭐가 나올지 모르잖아."

첫 번째 친구는 두 번째 친구의 말을 듣지 않았다. 그리고 "이것 봐!" 하며 거대한 동물의 뼈대를 만들어냈다.

세 번째 친구가 말했다.

"봐봐, 나는 이 뼈대에 피와 살을 붙일 수 있어."

두 번째 친구가 또 부탁했다.

"그러지 마, 거기서 뭐가 나올지 모르잖아."

하지만 세 번째 친구도 그 말을 듣지 않았다. 그리고 "이것 봐!" 하며 몇 분만에 사자의 시체를 만들어냈다.

이제 네 번째 친구 차례였다.

"봐봐, 나는 이 시체에 숨을 불어넣을 수 있어."

네 번째 친구가 말했다.

두 번째 친구는 네 번째 친구에게도 경고했지만 이번에도 헛수고였다. 그래서 두 번째 친구는 높은 나무 위로 기어 올라갔다. 네 번째 친구가 사자의 시체에 숨을 불어넣자마자 그 짐승이 펄쩍 뛰어올라 1분도 되지 않아 세 명의 헛똑똑이들을 모두 잡아 먹어버렸다!

상처가 하나씩 모이면 분리의 내면 상태도 이 사자처럼 우리를 잡아 먹어버릴 것이다. 상처를 입을 때마다 우리는 멈추고 그 문제를 해결해야 하는데, 이 세 헛똑똑이 친구들처럼 멈추질 못한다. 그러다보면 언젠가는 망가진 내면 상태가 우리와 우리의 관계를 집어삼켜버린다. 사랑하는 사람과 즐거운 저녁 시간을 보내고 있는데 갑자기 별다른 이유도 없이 기분이 나빠지는 경우가 얼마나 많은가? 아니, 그 이유를 정확하게 알지도 모르겠다. 이번에도 역시 상대가 당신을 화나게 하는 짓을 했을 테니까 말이다.

'그렇게 말했는데 또 팁을 너무 많이 줬어……' '야근한답시고 또 늦게 들어왔어……' '딸이 잔인한 비디오 게임을 하게 내버려뒀어……' '침대에서 또 SNS나 하잖아……'

당신을 화나게 한 것이 무엇이든 파트너와 연결될 수 없다면 더 깊은 곳을 들여다봐야 한다. 자기 집착이 연결을 방해하고 있으니까 말이다.

사랑하는 사람과의 다툼은 작은 의견 충돌이나 오해에서 시작된다. 하지만 우리 존재의 내면 상태를 살피지 않으면 그 작은 상처가 고통스러운 감정적 집착으로 치닫고 연결은 불가능해진다.

단절의 세 단계

단절을 마구 퍼지는 잡초라고 생각해보자. 처음에 그 잡초는 작고 귀여운 꽃이나 덩굴처럼 보인다. 하지만 그 뿌리가 매우 강하고 공격적이어서 결국 정원의 생태계를 모조리 파괴할지도 모른다.

1단계 : 상처

상처는 대부분 작은 것으로 시작한다. 예를 들어 당신의 파트너가 군이 할 필요도 없는 말을 한다. 당신은 상대가 당신의 의견을 무시하거나 당신의 노력을 알아주지 않는다고 느낀다. 그럼에도 잠시 멈추고 부드럽게 주의를 기울이지 않으면 상처는 다음 단계로 발전한다. '어쩜 저렇게 무심해……' 혹은 '그렇게 냉소적일 건 없잖아!' 같은 불만이 생길 때 상처의 길로 들어서고 있음을 알아차리기 바란다.

　우리는 대부분 이런 종류의 상처를 잘 알고 있지만, 그것에서 벗어날 방법을 배운 사람은 많지 않다. 그래서 상처를 받으면 어떻게 해야 하는지 모르고 고통의 상태에 빠져들거나 무시해버린다. 하지만 아무리 꾹꾹 참고 묻어버려도 소용없다. 상처받는 순간 멈추고 살펴야 한다. 그렇지 않으면 뼛조각 무덤이 사자의 뼈대가 되어버릴 테니까.

2단계 : 판단

멈추고 상처받은 상태를 해소하지 않으면 단절의 다음 단계, 즉 판단의 단계로 나아간다. 이제 당신은 사랑하는 사람에 대해 결론을 내리기 시작한다. 판단하는 눈으로 상대를 본다. '이 사람은 화를 잘 내. 도무지 장점이 없는 것 같아. 이 사람은 실없고 무능한데 무책임하기까지 해. 겁에 질린 토끼 같아. 절대 바뀌지 않을 거야.'

　당신은 눈앞에 있는 수많은 면모를 가진 사람에게 한 가지 꼬리표를 달아버린다. 이 단계에서는 주로 둘 사이의 차이점만 보인다. 특히 사랑에 관해 서로 다른 관점을 가지고 있다고 확신한다. 예를 들어 상대보다 내가 더 로맨틱하고 매력적이라고 굳게 믿는다. 내 가족이 상대 가족보다 더 친절하고 더 너그러운 것도 같다. 그리고 내가 이 관계에 더 많이 공헌하는 것 같다는 등. 속으로 나는 상대와 다르고 상대보다 더 낫다고 증명하려 든다. 그렇게 비교하느라 정신이 없는데 어떻게 상대와 연결될 수 있겠는가?

판단하느라 바쁠 때 상황은 한 단계 더 나빠진다. 판단하게 되면 서로가 하는 말을 듣지 않는다. 상호 존중은 창문 밖으로 던져버린 지 오래이다. 소소한 농담, 별거 아닌 노래 한 곡, 당신을 부르던 애칭 같은 귀엽고 예쁜 짓으로만 보였던 것들이 짜증을 유발한다. 그런 판단하는 내면 상태가 무심한 표현, 말, 결정 등으로 터져 나오고 그것이 다시 상대의 자존감과 자신감에 생채기를 낸다. 그럼 둘 다 계속 더 상처 입고 더 실망하고 더 외로워진다. 이제 상처의 그림자가 짙어지고 강력해진다. 사자의 뼈대에 피와 살이 붙어버렸다.

[3단계 : 혐오]

작은 상처에서 시작한 것이 금방 판단하는 분위기를 만들었다. 이제 단절의 세 번째 단계, 즉 혐오가 탄생하기 딱 좋은 환경이 만들어졌다. 이 단계에는 상대가 옆에 있는 것만으로도 짜증이 나고 괴롭다. 상대의 태도, 말투 혹은 행동 모두 참을 수 없다.

이 상태일 때 뇌는 상대를 부정적으로만 보게 하는 화학물질을 쏟아낸다. 그럼 부정적인 모습이 자꾸자꾸 더 많이 보인다. 좋은 모습은 절대 보이지 않는다. 이쯤 되면 상대에 대해 완전히 왜곡된 경험만 하게 된다. 서로에 대한 존중은 전혀 찾아볼 수 없다. 또한 실제로 내가 그 상대와 같이 살고 있다는 사실조차 괴롭다. 상대를 배려하지 않는 행동을 하고 결정을 내릴 뿐만 아니라 고의적으로 상처를 입힌다. 이 단계에서 과연 무엇을 할 수 있을까?

당신이 다른 많은 사람과 비슷하다면 이런 반응을 보일 것이다.

'나는 실망했고 상처받았어. 나 자신이 한없이 하찮게 느껴지고 외로워. 맛있는 커피나 더블 마티니라도 마셔야겠어. 아니면 초코칩 쿠키라도 먹어야겠어!'

도파민이 분출되는 상황으로 도망치면 기분이야 잠깐 좋겠지만 비통함은 금방 돌아온다. 당신이 느끼는 실망, 갈망, 분노, 불안을 제대로 살피지 않으면 기쁨, 감사, 연결을 경험할 수 없다. 상처 입은 상태와 싸우느라 바빠서 사랑의 아름다운 상태를 부를 에너지가 없다. 이제 당신은 사자의 시체에 숨을 불어넣었다.

이 시점이면 최고로 로맨틱한 휴가지에서도 외롭고 괴롭기만 하다. 상처의 그림자가 사랑의 감정을 지워버렸다. 이제 우리는 그 관계를 간신히 유지하거나 새 상대를 찾아 나선다. 진정한 사랑 같은 건 조그만 가능성조차 없다. 확신하며 바라지도 않고 가볍고 경박한 관계만 가지려 할지도 모른다. 하지만 그러는 동안 내면의 공허함을 느끼며 괴로워한다. 그래서 무의식적으로 진짜 사랑을 갈망한다.

크리슈나지와 나는 지금까지의 경험을 통해 잘 알고 있다. 단절의 단계를 잘 알고 있으면 혐오의 길까지 너무 멀리 가기 전에 내면의 상태를 알아차릴 수 있다는 것을. 그리고 당신이 지금 어느 단계에 있든 연결을 선택할 힘은 항상 있음을 꼭 기억하기 바란다.

연결의 삶을 살게 하는 특급 비밀이 있다면 바로 상처받은 상태를 내려놓는 능력과 지혜이다. 더할 나위 없이 좋은 관계이지만 때로 실망감이 드는 것은 어쩔 수 없다. 그 이유가 무엇이든 상처의 치유가 연결의 충만한 삶을 살고 사랑을 지속시키는 데 가장 중요하다.

인도의 시골 마을에서는 힘세고 짓궂은 원숭이들이 가정집에서 음식을 훔치곤 해서 골치를 앓는데 시골 마을 사람들은 그런 원숭이를 잡는 간단하지만 현명한 방법을 하나 알고 있다. 나무에 작은 구멍을 내고 그 구멍 안에 향이 좋고 과즙이 많은 디저트를 넣어둔다. 흥분한 원숭이는 그 작은 구멍 안으로 손을 집어넣는다. 하지만 디저트를 잡은 주먹을 다시 꺼내기에는 구멍이 너무 작다. 원숭이는 디저트를 포기할 수 없어 어쩔 줄 모른다. 바로 그렇게 원숭이가 어쩔 줄 몰라 할 때 단박에 잡아서 사람이 살지 않는 정글로 보내버린다.

상처와 실망을 포기할 수 없는 우리도 이 원숭이와 같다. 괴로운 상태에 집착할 이유가 아무리 정당하더라도 우리는 반드시 자문해야 한다. 무엇이 더 중요할까? 상처를 잡고 놓지 않는 게 더 중요할까? 아니면 자신과 관계를 키워나가는 게 더 중요할까?

권태의 그림자

동쪽 어딘가에서 오앤오 아카데미를 찾아오겠다고 연락한 커플이 있었다. 그런데 아카데미 매니저가 아무리 기다려도 그들은 오지 않았다. 뒤늦게 전화를 해, 공항에서 아카데미로 오다가 택시 안에서 그들 인생 최악의 부부싸움을 하고 있다고 했다.

둘은 서로에게 소리를 질러댔다. 한 명은 격노했고 다른 한 명은 울부짖더니 집으로 돌아가겠다고 했다. 아카데미 선생님이 그들의 이야기를 조용히 듣다가 어차피 사랑을 되찾으려고 여기까지 왔으니 마지막 기회를 줘보는 게 어떻겠냐고 설득했다. 덕분에 커플은 돌아가지 않고 무사히 아카데미에 도착했다.

듣자 하니 상황은 이랬다. 도리스는 클라크의 사랑을 끊임없이 갈구했지만 늘 무시당하는 느낌이었다. 그 결과 마음속 상처가 곪아 터질 지경이었다. 한편 클라크도 그 관계에 나름의 의문을 품고 있었다. 클라크는 최근 몇 달 동안 자신이 도리스에게 부적합한 남자라는 생각이 자꾸 들었다. 뭘 어떻게 해도 그녀에게는 부족한 듯했다. 그래서 클라크도 불만 가득한 상태였다.

사업가인 클라크의 상황이 최근 매우 좋지 않았다. 계속 큰 손해를 보았고 스트레스 탓에 살이 많이 쪘고 머리카락도 급속도로 빠졌다. 그래서인지 자신이 모든 면에서 더 무능하게 느껴졌다. 외모도 경제적인 능력도 사랑하는 능력도 부족한 것 같았다.

아카데미 프로그램 넷째 날, 내면이 많이 고요해진 클라크와 도리스는 자신들만의 진실을 볼 수 있었다. 클라크는 진짜 문제는 도리스가 아님을 깨달았다. 그리고 자신이 자신과 싸우고 있음을 분명히 인지하였다. 자기만의 문제에 빠져 헤매느라 도리스를 보지 못한 것이다. 절망과 열등감에 정신없이 빠져들었고 그것이 둘 사이에 건널 수 없는 강을 만들었다.

우리와 함께 무한명상을 하는 동안 클라크는 온전한 상태로 깨어났다. 우주 지성의 힘이 자신의 의식을 통과하는 것을 느꼈다. 동시에 신비한 경험을 했고 그러는 동안 아름답고 경제적으로도 윤택한 삶을 살게 될 것을 확신하게 되었다. 우주 지성이 편재하는, 우주의 무한한 공간을 느끼니 저절로 자신과의 싸움을 멈추게 되었다. 그리고 도리스가 진정 얼마나 아름다운 사람인지 보게 되었다. 마치 아주 오랫동안 보지 못한 사람을 다시 만난 것 같았다.

한편 도리스는 자신이 얼마나 단절된 사람인지 깨달았다. 사실 도리스는 사랑하는 법을 몰랐다. 십대부터 그녀는 사랑을 갈구하는 게 사랑인 줄 알고 살아왔다. 아카데미 과정을 밟는 동안 도리스는 자신이 자신에게 집착하고 있다는 진실을 순순히 받아들였다. 한없이 겸손해졌고 그동안 너무 힘들게 해서 미안했다며 클라크와 자기 자신에게 용서를 구했다. 그후 클라크와 도리스는 서로를 사랑스러운 파트너이자 진실한 친구로 보게 되었다. 지금도 이들은 서로에 깊이 감사하며 관계를 계속 발전시켜 나가고 있다.

당신도 클라크와 도리스가 경험한 것처럼 상처가 드리우는 긴 그림자 때문에 매일 조금씩 소모되고 있지는 않은가? 물론 아닐 수도 있지만 그것은 중요하지 않다. 중요한 것은 우리가 연결의 아름다운 상태에서 살지 못할 때 어떤 관계에 있든 그 관계가 괴로울 정도로 공허해진다는 사실이다. 왜 충족감을 느낄 수 없는가? 그토록 갈구하는데도.

커플 사이가 아니라도 문제는 어디서든 터질 수 있다. 인생이 문제이고 그 인생이 야기하는 문제들이 문제이기 때문이다. 이 문제를 참을 수 없어 우리는 걱정하고 초조해하고 불안해하는 침체된 상태에 빠지고 만다. 그리고 그 고통의 진흙탕 속에서 대부분 있지도 않은 문제 혹은 상상하거나 과장된 문제를 해결하려고 미친 듯이 날뛴다. 쉽게 화를 내고 자기방어에 목숨을 건다. 그러다보면 진짜 문제를 보지 못하고, 그 문제를 모두의 행복과 안녕을 위해 해결할 방법도 보지 못한다.

우리 내면 상태가 우리를 지치고 피곤하게 한다. 감각 능력도 떨어진다. 지칠 대로 지쳐서 신선함이라곤 하나도 없다. 서로를 봐도 기쁘지도 신나지도 않다. 관계가 권태롭다. 안정적이고 편안한 관계처럼 보일지 몰라도 윤택한 내면을 기대하기는 어렵다. 여전히 서로에게 집착하지만 사랑하고 같이 살고 싶어서가 아니라 혼자 살기가 두려워서이다.

중국에서 전해 내려오는 한 남자 이야기가 있다. 이 남자는 자신의 그림자를 경계했고 자신의 발걸음 소리를 무서워했다. 어느 날 혼자

걷고 있는데 구름이 걷히더니 쏟아지는 햇살이 긴 그림자를 만들었다. 남자는 공포에 떨며 달리기 시작했다. 자신의 그림자로부터 도망치려고. 하지만 아무리 빨리 달려도 그림자와 발걸음 소리를 피할 수 없었다. 남자는 그렇게 달리고 또 달리다가 지쳐 쓰러져 죽었다. 달리기를 멈추고 나무 그늘에 앉아 쉬기만 했다면 발걸음 소리도 사라지고 그림자도 사라졌을 것이다.

두 번째 그림자, 이 권태의 그림자가 슬금슬금 다가오면 우리도 도망치려 한다. 운동을 가거나 다른 놀거리를 찾거나 워커홀릭처럼 일에 빠지거나 술, 쇼핑에 빠지거나 심지어 수다에 빠지면서 말이다. '토커홀릭talkaholic'이란 말도 있다. 삶에서 느끼는 실망감에서 도망치기 위해 끊임없이 수다를 떠는 것이다.

때로는 내면의 공허가 부르는 불안감을 견디지 못해 도파민이 즉각적으로 과다 분출하는 관계에 몸과 마음을 내던지기도 한다. 하지만 그림자로부터 도망치기를 멈추고 그 그림자가 무엇인지 보기만 한다면, 다시 빛으로 나아가고 아름다운 연결 상태로 들어갈 수 있다.

～～～～～～～～～ ◈ ～～～～～～～～～

여기서 잠시 멈추고 질문에 대답해보기 바랍니다.

깊이 숙고하고 대답하기 바랍니다.

당신의 인생이 영화라면 현재 당신 영화의 초점은 어디에 있나요? 당신에게 있습니까?

당신 인생이 영화라면 당신은 그 영화에 등장하는 인물들이 모두 당신을 위해 등장한다고 보나요? 아니면 그 인물들의 삶을 윤택하게 만들고 영화 그 자체를 풍성하게 만드는 것이 당신의 역할이라고 보나요?

자기 집착의 미궁

습관적으로 자기 집착 상태에 있다면 마음이 자꾸 과거나 미래로 표류해 들어갈 것이다. 한 시간 전, 1년 전 혹은 10년 전에 있었던 일로 갈팡질팡한다. 그리고 미래에 있을 일을 상상하며 길을 잃기도 한다.

고대 크레타 신화에서는 절대 빠져나올 수 없는 미궁 속에 던져진 노예들의 이야기가 나온다. 그 미궁 깊은 곳에는 황소 머리에 인간의 몸을 한 미노타우로스라는 거대한 괴물이 살고 있었다. 미궁 속에 던져진 노예들은 이 미노타우로스에게 잡아먹힐 운명에 처한다. 습관적으로 과거나 미래에 산다는 것은 자기만의 끝없는 미궁 속에 던져져 자기만의 후회와 불안에 잡아먹힌다는 뜻이다.

이럴 때 우리는 삶이 너무 괴로워서 옆에 있어주지 못한다. 과거의 관계와 자신이 갈망하는 관계 속에서 길을 잃어버린다. 그리고 자꾸 떠오르는 실망감에서 벗어나려고 쾌락과 자극을 필사적으로 찾는다. 하지만 쾌락을 좇는 사람은 쉽게 권태에 빠진다. 그래서 더 큰 쾌락, 더 새로운 쾌락을 좇기 마련이다.

상처 입은 상태와 권태로운 상태는 둘 다 자기 집착 때문이다. 두 상태 모두 오직 자기 자신만 생각하고 있다. 이것은 사실 상대가 존재조차 하지 않는 단절된 상태이다.

이 세 번째 여정을 따라가다 보면 당신 인생에서 가장 중요한 관계에서 불편한 진실들이 파헤쳐질 수도 있다. 이 여정을 하는 중에 동반자와의 관계가 처음부터 모래성처럼 허물어지기 쉬웠음을 보고 놀라는 사람도 많다. 또 한때 서로 깊게 교감하던 사이였더라도 다시 그렇게 되기에는 이미 서로 너무 멀리 와버린 것 같다고 겁을 먹게 될 수도 있다.

이들은 묻는다. "관계의 기반이 이토록 허약한데 다시 살릴 수 있을까요?" "서로 더 깊이 연결하는 방법을 과연 찾을 수 있을까요?" 혹은 "우리는 이미 서로 영적으로 깊은 관계에 있는데 어떻게 하면 이 불꽃을 죽이지 않고 유지할 수 있을까요?"라고.

영적 비전의 빛

고통스러운 내면의 겨울에서 빠져나오려면 어떻게 해야 할까? 단지 고통을 견디기만 하는 것으로는 부족하다. 관계에서 느끼는 지루함을 달래기만 하는 것으로도 부족하다. 물론 상처와 불안에서 도망치기만 해서도 안 된다.

어떻게 하면 연결성을 찾고 끊임없이 나타나는 이 두 그림자가 부르는 고통에서 벗어날 수 있을까? 바로 관계에 대한 영적 비전의 지지를 받을 수 있으면 된다.

잠시 앞에서 배운 첫 번째 신성한 비밀로 돌아가보자. 영적 비전은 연결에 강력한 역할을 한다. 사람들은 자신의 사업, 경력, 건강에 대한 영적 비전을 갖는다. 앞에서 우리가 '영적 비전은 내면 상태를 위한 비전'이라고 정의했던 것을 기억하는가? 이 내면 상태가 우리가 하는 모든 일, 만드는 모든 것에 영향을 준다.

이제 질문을 하나 해보겠다. 당신은 단순한 파트너, 친구 혹은 리더가 되고 싶은가? 아니면 기뻐하고 충만한 파트너, 친구 혹은 리더가 되고 싶은가? 이것은 진지하면서도 매우 중요한 질문이다. 영적 비전이 없으면 모든 일에 스트레스를 부르기 때문이다. 최고의 관계 속에 있고 최상의 성취를 했을 때조차 전혀 기쁨을 느끼지 못하기 때문이다.

다시 말하지만, 모든 사람은 스트레스 상태 혹은 아름다운 상태, 이 두 존재 상태에만 있을 수 있다. 지금 아름다운 상태에 있지 않다면 기본적으로 스트레스 상태에 있다는 뜻이다.

관계를 위해서 당신이 내릴 수 있는 가장 중요한 결정은 첫 번째 기념일 혹은 25주년에 어디서 축하할 것인가가 아니다. 그날에 누구를 초대해서 무엇을 할 것인가도 아니다. 그보다 더 중요한 질문이 있다. 바로 그날, 그날 이전의 하루하루 그리고 그날 이후의 모든 날에 '어떤 의식 상태로 상대를 대할 것인가'이다.

당신은 단절된 상태에서 사는 게 괜찮은가? 아니면 아름다운 의식 상태에서 서로를 위해 사랑하고 감사하고 이해하고 기뻐하며 사는 것이 무엇보다 중요한가? 사랑하는 사람에게서 느끼고 싶은 사랑의 비전이 있는가? 서로의 인생에 매일 기쁨을 공유하고 싶다는 비전이 있는가?

무엇을 하느냐 만큼 어떻게 하느냐도 중요하게 만들 수 있겠는가? 단순히 누구누구의 파트너가 아니라 누구누구의 사랑하는 파트너, 교감하는 파트너, 행복한 파트너가 될 수 있겠는가?

아름다운 의식 상태에서 소중한 사람의 내면과 연결되어 살아가는 모습이 바로 당신의 영적 비전이다. 이런 영적 비전을 갖고 싶다면 이렇게 자문해보자.

나는 어떤 상태에서 살고 싶은가?

내가 사랑하는 사람이 어떤 상태에서 살기 바라는가?

사랑하는 사람의 내면 상태를 어떻게 하면 좀 더 아름다운 상태로 만들 수 있는가?

이런 질문을 용감하고 솔직하게 던질수록 상처, 판단 혹은 혐오의 괴로운 상태에 머물 명분이 더 많이 사라진다. 그 고통의 상태에 한 시간을 있든, 하루를 있든, 1년 혹은 10년을 있든 그것은 중요하지 않다. 어쨌든 이제 단절된 삶을 더는 받아들일 수 없게 되니까. 불가능한 일처럼 들리는가? 그렇다면 우리가 약속한다. 그렇지 않다고 말이다. 연결의 아름다운 상태에 살고자 한다면 권태와 분리는 사라지고 삶이 새롭게 느껴질 것이다.

단, 사랑과 연결에 대한 기존의 생각을 재고할 필요는 있다. 현대 사회가 연결을 이해하는 방식에는 근본적인 결함이 있다. 잘못된 문화가 주입시키는 사랑에 대한 오해라고 해도 좋다. 그 결과 많은 사람은 인간이 실제로 한 번도 경험해보지 못한 것들을 갈망한다. 연결의 아름다운 상태에 있다고 해서 상대의 기대를 끊임없이 충족시켜주는 것도, 우리 문화가 미덕이라고 하는, 늘 상대의 필요를 기계적으로 먼저 생각하게 되는 것도 아니다. 그리고 받기 위해서 주는 것도 물론 아니다. 연결은 희생도 아니고 전략도 아니다. 단지 존재 상태일 뿐이다.

연결이 기반인 관계라고 해서 늘 서로에게 동의만 하는 것은 아니다. 이런 관계라도 화날 일도 겁낼 일도 생기고 외로울 수도 있다. 다만 연결이 기반인 관계에 있다면 분리 의식이 일어날 때 그걸 해소할 수 있고 그럼 다시 연결 상태가 자연스럽게 올라온다.

연결의 아름다운 의식 상태에 있다면 관계는 곧 기쁨이다. 삶 자체가 즐거운 경험이다. 이런 사랑을 우리 인생에 초대한다면 우리는 이제 상대에게서 분리를 느끼지 않아도 된다. 그와 나는 물론 서로 다른 사람이지만 깊이 연결되어 있다. 그가 힘들어하면 당신도 힘들다. 그가 기뻐하면 당신도 기쁘다. 기쁜 상태로 오롯이 현존하며 상대의 모습을 봐줄 때 당신도 상대도 내면이 밝아진다.

사랑과 연결이 꼭 연인관계에서만 생기는 것은 아니다. 사랑과 연결은 친구, 자식, 손주, 고객, 심지어 처음 본 사람과도 경험할 수 있는 아름다운 존재 상태이다.

수닐은 크리슈나지에게 개인 멘토링 수업을 받기 위해 아카데미를 방문했다.

"저는 사랑이 많은 사람이에요."

도착하고 얼마 지나지 않아 수닐이 말했다.

"부모님을 잘 모시는 아들이죠. 심지어 옆집에 사시니까요."

하지만 자신의 의식 속 깊은 곳을 들여다본 수닐은 자신의 행동은 책임감 있고 배려심 많을지 몰라도 내면의 존재 상태는 단절되어 있음을 깨달았다. 수닐은 아버지가 하는 말은 짜증이 나서 도저히 10분 이상 듣지 못했다.

수닐은 스무 살도 되기 전 학교를 그만두고 뭄바이로 가서 돈을 벌겠다고 결심했다. 아버지는 절대 안 된다고 학교부터 마쳐야 한다고 했지만 결국 수닐이 매달 봉급의 절반을 집으로 보낸다는 조건으로 동의해주었다.

뭄바이에서의 생활은 생각보다 많이 힘들었다. 사람들은 불친절했고 여러모로 환경 또한 편하지 않았다. 수닐은 아버지에게 전화를 걸어 '집으로 돌아가고 싶다'고 했다. 하지만 아버지는 견뎌내라고 했다. 그후 반년 동안 수닐은 거의 매일 집으로 전화를 해 돌아가게 해달라고 빌었다. 하지만 아버지는 안 된다고 했고, 수닐은 결국 아버지가 도와주기를 거부했다는 비통한 마음에 더는 사정하지 않았다. 하지만 약속대로 매달 봉급의 절반은 집으로 보냈다.

수닐의 스물한 살 생일 날 아버지가 수닐에게 봉투를 하나 건네며 말했다.

"네가 지난 몇 년 동안 보낸 돈을 투자해 조금 불려놓았다."

수닐은 돈을 받자마자 탁자 위로 던져버렸다.

"필요 없어요."

수닐이 말했다.

"이제 이것의 열 배도 벌 수 있어요."

수닐은 가장 힘들 때 부모로부터 외면당했다는 생각에서 벗어나지 못했고 그래서 괴로웠다. 상처 입은 상태로 자신이 어디까지 성공할 수 있는지 아버지에게 보여주는 일에 집착했다. 부모님의 경제 문제를 떠맡기도 했는데 그것은 '내가 나쁜 자식이 아니에요'라고 증명하는 그만의 방식이었다.

수닐은 한 여성을 만나 사랑했고 결혼도 했다. 하지만 사랑과 결혼조차 성공인지 아닌지 판단하려 했다. 아내는 인내심을 발휘했지만 딸이 태어나자 더는 참을 수 없어 말했다.

"이제 바깥일은 좀 줄여요. 딸과 좀 더 시간을 갖고 육아를 좀 도와주세요."

아내가 자신을 통제하려 든다고 느낀 수닐은 아내의 요구를 거절했다. 결국 둘은 이혼했고 서로 멀리 떨어진 도시에 정착하게 되었다. 그때부터 수닐은 몇 달에 한 번씩 딸아이가 오면 만나는 식으로 아버지의 의무를 다하려고 했다. 그랬다, 그것은 그냥 의무일 뿐이었다. 수닐은 그 모든 것을 깨달았다. 그런데 거기서 그치지 않았다. 더 큰 깨달음은 이제 시작이니까. 신비한 무한명상을 막 마친 후 깊은 고요 상태에 든 수닐은 복도를 가로질러 가는 게 한 마리를 보았다. 그리고 갑자기 심장과 뇌가 사랑과 자비의 감정으로 터져버릴 것 같았다. 수닐은 강력한 동류의식과 소속감을 느꼈고 나무들, 바다의 물고기들, 정원에서 웃으며 뛰놀고 있는 아이들 모두 사랑스럽기만 했다. 그의 가슴이 사랑으로 깨어났다. '세상에, 이게 바로 진짜 사랑하는 법이구나! 이런 게 진짜 무언가 느끼고 무언가 사랑하는 것이구나.'

당시의 의식 상태가 수닐을 바꿔놓았다. 그 경험의 강도는 며칠이 지나자 약해졌지만 수닐은 이미 다른 사람이 되어 있었다. 수닐은 여덟 살 난 딸이 엄마와 함께 살고 있는 도시에도 거처를 하나 마련해 매달 일주일은 아이와 시간을 보내기로 했다.

둘이 같이 시간을 보낸 첫날, 딸은 늘 그렇듯 주저하며 아빠에게 겨우 말을 걸었다. 하지만 이제 수닐은 연결하는 법을 알았다. 딸이 원하는 것, 딸의 생각, 딸이 학교에서 친구들과 어떤 일로 옥신각신하는지 잘 들어주었다. 그러자 사랑이 가득한 의식 상태가 그를 사로잡았다. 몇 시간째 딸은 웃으며 재잘대기를 멈출 줄 몰랐다.

수닐은 이렇게 말했다.

"딸을 데리러 학교로 갈 때마다 가슴이 진짜로 아파요. 왜냐하면 딸이 멀리서 저를 보고 막 달려와서는 제 품속으로 폴짝 뛰어 들어 안기거든요."

수닐은 아름다운 파트너도 생겼다. 이 파트너는 수닐을 만난 것이 행운이라고 생각한다. 회사에서 분기별 수익을 논할 때조차 수 닐은 이제 직원들의 행복지수를 높이는 방법을 고심한다.

수닐의 이야기는 진정한 사랑에 눈을 뜬 덕분에 누구나 사랑할 수 있게 된 사람의 전형을 보여준다. 그 여정은 진실을 향한 여정 이었고 거기에는 엄청난 용기와 열정이 필요했다. 즉각적인 희열 만을 추구하는 안일한 사랑꾼을 위한 길은 아니다. 의식의 변형을 추구하는 사람만이 갈 수 있는 길이다.

이 여정을 시작한 사람들이 모두 현재의 관계를 유지하기로 한 것은 아니다. 물론 아름다운 상태에 살면 분명 주변 사람에게 심오 한 영향을 줄 수 있다. 그럼 모든 관계가 자연히 더 기쁘고 더 조화 롭게 될 것이다. 그리고 더 친절하고 사랑 가득한 사람들이 저절로 찾아오게 될 것이다.

하지만 내면의 진실을 보는 과정에서 현재의 파트너와 다른 길 을 갈 수밖에 없다는 사실을 깨닫고 받아들이는 사람도 있다. 의식 의 아름다운 상태에 있다고 해도 불행하거나 위험한 상황마저 견 딜 수는 없다. 의식의 아름다운 상태에 있다는 것은 내면을 고요하 게 하여 연결과 사랑에서 비롯된 결정을 할 수 있다는 뜻이다.

지금 왠지 모르게 겁이 난다면 용기를 내기 바란다. 사랑과 연결 의 의식 상태는 반드시 얻을 수 있다. 내면의 그 두 번째 신성한 비 밀로 향한 여정을 가겠다는 용기를 낸 사람이라면 누구나.

여기서 잠시 멈추기 바랍니다.

그리고 주의를 기울여 자신의 가슴을 느껴봅니다. 숨을 곧 장 가슴으로 보낸다고 생각합니다. 이렇게 몇 차례 더 호흡 합니다. 그리고 잠시 걷거나 앉아서 혼자만의 시간을 갖습 니다. 상처받은 모든 감정에서 자유로울 수 있다면 어떤 상 태일지 명상해봅니다.

마치 태어나서 처음 보는 것처럼 당신 파트너의 눈을 깊이 들여다보면 어떨지 상상해봅니다. 더는 힘든 생각에 빠지지 않으니 매일 아침 웃으며 일어나고 소중한 사람들 옆에 오 롯이 현존할 수 있다면 어떨지 느껴봅니다. 이렇게 아름다 운 의식 상태에서 살아가고자 하는 열정이 당신 안에서 뿌 리를 내릴 수 있게 합니다.

인간으로 산다는 것의 본질

인간으로 산다는 것이 무엇을 의미하는지 생각해본 적 있는가? 단 순히 생존을 위해 애쓰다 야망을 조금 이루고, 아이를 낳고, 그러다 가 늙어서 어느 날 사라지는 것?

어떻게 해야 진정으로 사는 것일까? 누구나 의식의 비범한 상태 를 경험하고 다른 존재 그리고 모든 것에 연결됨을 느낄 수 있다. 그리고 삶의 흐름 속에서 경외감을 안고 살아갈 수 있다.

인간 의식에는 사랑하고 연결하고 다른 존재들과 하나가 될 잠재성이 있다. 경계를 모르는 사랑, '하나임oneness'의 완전한 상태를 경험할 수 있다. 이것이 우리 삶, 우리 뇌, 우리 몸의 잠재성이자 목적이다.

연결된 상태에서 삶은 자기 집착에서 벗어나 연결로 나아감을 의미한다. 이것이 진정한 변형이다. 그리고 이때 사는 삶이 진정한 삶이다. 누군가 슬퍼하거나 즐거워할 때 진심으로 같이 있어주는 것, 이것이 당신이 그 사람에게 해줄 수 있는 가장 좋은 선물이다.

당신의 파트너가 당신이 파트너를 느끼고 있음을 느낄 때 비로소 관계 속 치유가 시작된다. 그럼 과거에 서로에게 준 상처조차 문제가 되지 않는다. 연결의 아름다운 상태에서는 거리감이 눈 녹듯이 사라진다. 이렇게 연결된 상태로 자식, 친구, 부모, 형제 옆에 있어주는 것이 연결된 공동체를 만드는 데 가장 중요하다.

함께 일하는 사람을 위한 영적 비전을 발전시켜 나가면 그들과 분리될 수 없음을 느낀다. 그곳에는 착취하는 사람도, 착취당하는 사람도 없고 지배 욕망도, 지배에 대한 두려움도 없다. 험담도 없고 소외감도 없다. 단지 편안한 집에 있는 것 같다. 당신은 그들의 불안과 바람과 좌절과 인정받고 싶은 욕구를 느낀다. 연결의 아름다운 상태에서는 서로 지지하고 협력하는 새로운 문화가 가능하다.

여기서 영적 비전이 더 커지면 지구와 연결되어 있음도 감지하게 된다. 지구는 마구 밟아도 되는 단순한 흙덩이, 돌덩이가 아니다. 지구는 당신의 일부이고 당신은 지구의 일부이다. 영적 비전이 커지면 이 지구에 사는 모든 생명체에 대한 자비심이 생긴다. 그리고 더 확장된 영적 비전이 당신이 생각하는 방식, 다른 존재들과 관계하는 방식, 행동하는 방식을 바꾸게 된다. 그럼 이제 정말 아름다운 삶을 살게 된다.

소울 싱크 연습
진심 어린 파트너 되기

당신 인생에 사랑을 불러들이는 데 도움이 되는 방식으로 소울 싱크 연습을 다양하게 바꿔볼 수 있다. 우주에 사랑을 요청해보자. 혹은 더 단단하고 사랑 가득한 관계를 구축하겠다는 의도를 세워보자.

소울 싱크를 파트너와 함께 연습할 수도 있다. 하루가 시작되기 전이나 아침과 하루를 마감하기 전, 밤에 잠들기 전 함께 연결하겠다는 의도를 세워보는 것이다. 그 다음 앞에서 배웠던 소울 싱크 연습 5단계를 차례대로 진행한다.(45~47쪽 참조)

1. 호흡을 의식적으로 여덟 번 반복한다.
2. 호흡을 의식적으로 여덟 번 반복하되 숨을 내쉬는 동안 낮은 음으로 벌이 날아다닐 때 내는 소리처럼 허밍을 한다.
3. 호흡을 의식적으로 여덟 번 반복하되 들숨과 날숨 사이 잠시 멈춰지는 그 순간을 관찰한다.
4. 호흡을 의식적으로 여덟 번 반복하되 '아-함' 혹은 '나는 무한 의식

이다'를 속으로 읊조린다.

5. 호흡을 의식적으로 여덟 번 반복하며 당신의 몸이 빛으로 확장된다
   고 상상한다.

여섯 번째 단계로 이번에는 당신의 가슴이 연결의 아름다운 상태로 깨어나는 것을 느껴본다. 이때 사랑하는 사람을 느껴본다. 마치 그 사람과 당신 사이에 아무 경계가 없다는 듯. 당신 가슴에서 깊은 사랑의 빛이 발산되어 그 사람을 향해 비추는 것을 느낀다. 그 빛이 그 사람을 치유하고 사랑의 아름다운 상태로 가득 채운다.

네 번째

_____신성한 비밀

_____인생 여정

당신은 아름다운 상태를 기반으로
영적으로 올바른 행동을 하고,
한 사람과 모두의 위대한 운명에 기여하리라.

영적으로 올바른 행동 연습하기

by 크리슈나지

어떻게 하면 인생의 힘든 문제를 잘 극복해 큰 흉터 없이 성장할 수 있을까?

우리는 앞에서 이미 우주 지성의 신성한 비밀이 힘든 시기에 우리를 도와줄 수 있다고 하였다. 하지만 프리타지와 나는 인생의 문제를 해결하도록 도움을 주는 데에서 그치고 싶지 않다. 우리는 그 과정에서 당신을 진정으로 바꿀 방법을 공유하고 싶다.

네 번째이자 마지막인 이 신성한 비밀은 특히 강력해서 삶의 전 영역에 걸쳐 영향을 줄 수 있다. 그 비밀은 다름 아니라 영적으로 올바른 행동의 힘이다.

학생이던 열여섯 살 무렵 나는 등굣길의 친구들과 집에서 학교까지 가장 빠른 길을 선택해 자전거를 타고 전속력으로 달리면서 누가 먼저 도착하는지 내기하기를 즐겼다. 그러던 어느 날 처음 가 본 길을 달리다가 작은 사고를 내고 말았다. 마침 길을 건너던 중년의 이주 노동자와 부딪혔고 둘 다 바닥으로 내동댕이쳐졌다. 인도에서는 이런 상황이면 사람들이 모여든다. 그리고 누가 잘못했든 거의 항상 더 불쌍해 보이는 사람 편을 들며 다들 한마디씩 한다. 물론 나는 내가 잘못했음을 잘 알고 있었다. 아니나 다를까 사람들이 다가와 나를 질책했다. 넘어져 조금 다친 나는 이제 무섭기까지 했다. 그런데 그 이주 노동자 여성이 벌떡 일어나더니 모인 사람들에게 '어서들 갈 길 가시라'고, 자기 일들이나 잘 챙기라고 큰 소리로 말했다. 그런 다음 내게로 와 나를 일으켜 세웠다. 그러고는 자전거도 챙기며 길 건너에 있던 쓰러질 것 같은 작은 움막으로 나를 데려갔다. 여성은 내 상처를 잘 닦아주고 학교에 갈 수 있겠냐고 물었다. 내가 갈 수 있다고 하자 나에게 사랑 가득한 축복을 내려주었다. 앞으로 좋은 교육을 받아 세상에 좋은 일을 많이 할 거라고 했다.

나는 충격을 받았다. 그 순간 그녀에게 정의는 중요하지 않았다. 그녀는 사람들이 나를 해코지하지 못하게 막겠다는 생각뿐이었다. 고맙다고 중얼중얼 인사하고 나서 다시 자전거를 타고 학교로 가는 내내 내 머릿속에서 그녀가 떠나지 않았다. 어떻게 처음 본 사람에게 그런 사랑을 베풀 수 있지? 그녀의 행동은 공평함, 도덕성 혹은 법에 기반한 행동이 아니었다. 그녀는 나의 안전만을 걱정했다.

이 사건은 나에게 큰 영향을 주었다. 이 사건 이후 나는 처음으로 인간의 행동에 대해 숙고하기 시작했다. 그때그때 올바른 행동이란 과연 어떤 행동일까? 이 질문은 작은 일에든 큰일에든 똑같이 해당한다. 그렇지 않은가? 우리의 행동이 옳은지 틀린지 어떻게 아는가? 무슨 공식이라도 있는가?

프리타지와 나는 영적으로 올바른 행동, 그 신성한 비밀에 '공식'이라는 말을 쓰지 않는다. 사람을 한 가지 사고에 가두고 융통성 없고 완고하게 만들 수도 있음을 우려해서이다. 흥분한 군중에게서 나를 구해준 그 여인은 분명 단계별로 지시하는 행동지침서에 따른 게 아니었다. 그것은 심오한 사랑에서 나오는 자연스럽고 즉각적인 행동이었다.

그런데 그런 행동을 우리는 얼마나 자주하는가? 사실을 말하자면 프리타지와 내가 만나본 참 아름다운 사람들조차 행동을 하는 데에 많은 어려움을 겪는 것 같았다. 앞에서 말했던 열 개의 머리를 가진 왕, 라바나처럼 '~이래야 한다' 혹은 '~이러지 않아야 한다'에 대해 너무 많은 기대와 신념들이 서로 갈등을 일으켜 아주 작은 행동조차 힘든 일이 되어버리고 만다.

오늘날 아카데미에서 프리타지와 나는 '영적으로 올바른 행동'이란 바로 '우주 지성과 소통하는 행동'이라고 정의한다. 사람은 누구나 각자가 처한 의식 상태에 따라 무한히 확장되는 의식에게 자신의 정보를 끊임없이 보내고 있다. 그리고 연결이 본질인 아름다운 상태로 들어갈 때마다 경이롭게도 마치 모든 의식이 직물처럼 잘 짜여 하나의 의식과 함께 흐르게 된다. 그러므로 이제 프리타지와 나는 이 우주 지성 또는 근원에서 힘을 끌어내고 받는 데 도움이 될 몇 가지 원칙을 공유하려고 한다.

이 원칙에 기초한 행동을 우리는 영적으로 올바른 행동이라고 한다. 영적으로 올바른 행동의 결과로 우주가 해결책을 알려준다면 기대치 않은 사건들이 연속으로 일어나며 당신 인생이 한층 더 위대해질 것이다. 확신을 가져도 좋다.

삶의 흐름을 애써 통제하려 들지 말고, 강력한 의식 상태에서 삶에 대응할 때 영적으로 올바른 행동을 할 수 있다. 그럼, 이제 영적으로 올바른 행동을 위한 핵심 원칙 세 가지를 살펴보자. 살면서 크고 작은 결정을 해야 할 때 도움이 될 원칙이다. 하지만 이 원칙을 반드시 지켜야 하는 지침보다 영감의 원천으로 받아들이기 바란다. 아름다운 의식 상태 계발에 시간을 많이 들일수록 영적으로 올바른 행동이라는 이 네 번째 신성한 비밀이 더 자연스럽게 발휘될 것이다.

첫 번째 원칙

영적으로 올바른 행동은 내면의 갈등을 해소한 후에만 가능하다. 갈등을 겪고 있다면 영적으로 올바른 행동을 할 수 없다.

우리는 종종 화가 나거나 외로울 때 관계를 시작하거나 끝내려 한다. 그리고 불안과 좌절이 극에 달해 어쩔 줄 모를 때 직장을 그만둔다. 경기 침체가 여전히 걱정되는 상황에서 부동산 등 고가의 물건을 장만하거나 처분한다. 그런데 현명하지 않은 상태에서 어떻게 현명한 행동이 나오겠는가?

고통의 상태는 상황을 막론하고 우리 지성을 앗아간다. 현실 감각도 떨어진다. 당신도 잘 알 것이다. 분노 혹은 좌절이 성급함을 부르고, 끊임없이 걱정하거나 외로울 때는 오히려 꼼짝도 못 하게 되거나 나중에 후회할 방향으로 돌진하게 된다는 것을.

어떤 사람은 요동치는 내면을 끌어안고 몇 시간, 몇 주, 몇 달 심지어 몇 년을 보내곤 한다. 그것은 마치 뜨거운 감자를 맨손으로 들고 춤을 추는 것과 같다. 여유라곤 없는 자포자기 상태에서 선택을 내리며 한 손에 있는 부담스런 짐을 다른 한 손으로 던지기를 반복한다. 도저히 더 이상은 못 할 때까지.

영적으로 올바른 행동을 하는 길은 일단 멈추고 서두르지 않을 때, '고요한 마음명상'을 통해 고통의 상태를 없앨 때 비로소 눈에 들어오게 된다. 스트레스가 제거될 때만이 분명히 보고 통찰할 수 있다.

이 통찰을 완벽하게 증명한 한 청년이 있었다. 프리타지와 나는 청년들을 위한 자선재단을 운영하며 수업 과정을 열었는데, 이 청년이 그 수업을 들었다. 이십대인 청년은 삶의 모든 것을 혐오했다. 그는 가장 최근에 무엇을 혐오했을까? 청년은 피클 판매 회사의 콜센터에서 일하기 시작했는데 새 직장을 너무도 혐오했다. 그일을 처음부터 끝까지 싫어했다. 헤드셋부터 그가 뭔가를 팔려고 한다는 것을 알게 되자마자 사람들이 보이는 반응까지 모두. 그리고 쥐꼬리만 한 봉급도 혐오했다. 하지만 부모님을 부양해야 해서 그만둘 수 없었다. 그만두면 아버지가 불같이 화를 내며 비난할 게 불 보듯 뻔했다.

옆집에 누가 사는지도 모르는 대도시에서 얼굴 없는 존재로 사는 것도 싫었다. 하지만 아버지 얼굴을 매일 보고 살 자신도 없었기에 고향으로 돌아갈 수도 없었다. 아버지는 작은 마을에서 물항아리 만드는 일로 근근이 식구들 입에 풀칠을 하는 상황이었다. 마을 사람들은 누구나 물항아리를 필요로 했기에 수요는 늘 있었다. 그래서 아버지는 더 좋은 항아리를 만들 생각을 하지 않았다. 어머니는 가정주부로서 가족을 위해 음식을 만들었고, 가끔 한 부자의 집에 농사일을 해주러 나갔다. 청년은 가난에 찌든 고향 집이 싫었다. 그래서 돌아갈 곳도 없었다. 세상에 자신이 할 수 있는 의미 있는 일이 하나도 없는 것만 같았다.

그날도 늘 그렇듯 피클을 팔려고 전화를 걸다가 우리 재단의 자원봉사자와 통화하게 되었다. 대화는 상당히 길어졌고 청년은 우리가 주최했던 학교 행사 겸 강의 코스에 초대를 받아 참가하게 되었다. 그 코스를 하는 동안 청년은 자신의 자기혐오가 자신의 삶을 망치고 있음을 깨달았다. 그리고 더 깊은 체험을 통해 자신과 아버지에 대한 혐오에서 벗어날 수 있었다.

뒤이은 연휴를 보내기 위해 청년은 고향으로 내려갔고, 어머니가 부엌에서 음식을 만드는 모습을 조용히 지켜보았다. 그리고 처음으로 어머니와 깊은 연결을 느꼈다. 청년은 어머니와 함께 가족이 먹을 저녁을 만들었다. 집에서 그런 간단한 일을 하는데도 전에 없이 행복했다. 그다음 며칠 동안 청년은 어머니가 음식을 할 때마다 도왔고 요리가 완성되면 그 맛을 같이 음미했다. 그렇게 음식 냄새를 맡고 맛을 보자 미각이 살아났다. 그리고 가슴에 새로운 열정이 눈을 뜬 것 같았다. 이제 모든 것이 분명해졌다. 용감해진 청년은 명확한 비전을 가지고 콜센터를 그만두고 고향으로 돌아갔다. 그리고 어머니를 비롯한 마을의 여인들로부터 전통 요리를 배웠고 수많은 비법을 전수받았다. 지금 청년은 우리 캠퍼스 중 한 곳에서 수석 요리사로 일하고 있다. 맡은 책임을 훨씬 뛰어넘어 아카데미 수강생들의 다양한 미각적 욕구를 기꺼이 충족시켜 그들이 마치 집처럼 환영받는다고 느끼게 해준다. 청년은 아름다운 의식 상태의 요리사가 되었다. 그리고 그런 상태가 그의 모든 요리에 맛있게 스며들었다.

고통의 상태에서 벗어난 후 내리는 결정만이 좋은 기회와 놀라운 번영을 부른다. 이제 '영적으로 올바른 행동'의 그 두 번째 원칙에 대해서 알아보자.

두 번째 원칙

영적으로 올바른 행동은 아름다운 의식 상태에서 나온다.

아름다운 의식 상태에서는 다른 사람만이 아니라 자신의 웰빙도 자연스럽게 고려하게 된다. 아름다운 의식 상태에서 배제되는 존재는 없다.

영적으로 올바른 행동은 다른 사람을 위해 자신의 웰빙을 희생하는 것이 아니다. 우리는 삶에서 했던 희생을 얼마나 자주 후회하거나 유감으로 생각하는가? 자신을 희생하면서까지 누군가를 도왔다면 그 사람에게서 감사의 마음을 기대할 것이다. 하지만 기대하는 마음이 충족되지 않으면 고통스런 단절의 상태로 빠지게 되고, 이는 또 다른 문제를 일으킨다.

영적으로 올바른 행동이라면 다른 사람의 웰빙도 무시하지 않는다. 올바른 행동은 연결의 아름다운 상태에서 비롯되므로 다른 사람의 웰빙을 고려하지 않을 수 없다. 여러 사람의 감정이 복잡하게 얽혀 있는 상황이라면 가장 피해를 최소화하는 행동을 하면 된다. 그럼 이제 마지막 세 번째 원칙을 보자.

세 번째 원칙
영적으로 올바른 행동은 이상을 따르는 것이 아니다.

누구나 중요하게 생각하는 자기만의 신념과 이상이 있고 그것에 따라 삶의 모양을 만들어간다. 하지만 그런 이상이 우리 정체성의 핵심으로 너무 강하게 자리 잡으면 어떤 일이 일어날까? 모든 행동이 그것에 지배를 받고 그럼 매 상황의 특수성을 무시하게 되지 않을까? 지금 이 순간에 적합한 지혜를 발휘하지 않고 과거에 했던 대로 반복만 한다면 어떻게 올바른 행동을 할 수 있을까? 지금 여기 벌어지고 있는 상황을 온전히 알아차리지 못하는데 어떻게 올바른 행동을 할 수 있겠는가? 신념이나 이상 하나가 과연 모든 상황에서 올바른 안내자가 될 수 있을까? 영감을 얻고 싶거나 문제의 해결책을 찾고 싶을 때 다른 사람의 자서전을 읽기도 한다. 하지만 그러면 불행히도 그 자서전이 제공하는 해결책에 집착하곤 한다.

그 어떤 롤모델에 빠져 자신을 있는 그대로 보지 못하고 그 롤모델처럼 되는 것에만 집착한다. 그럼 그 롤모델처럼 유명해지거나 사랑스러워지거나 재능 있는 사람이 되고 싶다는 망상이 오히려 문제가 된다. 우리의 롤모델이 집착과 강박을 일으키고 그것이 괴로운 의식 상태를 부른다. 그러다 어느 날 보니 남의 삶을 살고 있다.

'바람직한' 이상이라도 이상에 따른 삶은 매 순간 다른 상황을 온전히 볼 수 없게 한다. 이상에 따른 행동은 표준적이고 기계적이다. 이때는 관대하고 겸손한 행동조차 습관일 뿐이다. 그럼 자신 혹은 타인을 진정으로 보살피는 것보다 이상을 따르는 것이 더 중요해진다. 이상이 아무리 고귀하고 대단해도 그 이상의 성취에 집착하면 많은 걸 놓치게 되고 진심에서 우러나오는 행동을 할 수 없게 된다.

중국의 위대한 유학자이자 황실의 고문이던 공자의 이야기를 한번 보자. 유교는 명확한 성문법, 윤리, 원칙 등을 기반으로 하여 국가를 통치한다. 이 체계에서는 심지어 친구, 부모, 스승과 대화하는 법까지 세세히 잘 규정되어 있다. 공자는 그렇게 해야 질서가 잡히고 덕이 생기고 정의가 실현된다고 믿었다. 그 결과 당시에는 누구나 어떤 행동이 상을 받고 어떤 행동이 처벌을 받는지 잘 알고 있었다.

어느 날 어떤 이가 자기 말을 도둑맞았다고 공자에게 탄원했다. 공자는 조사단을 발동시켜 도둑을 찾아내 감옥에 보내고 그 도둑을 찾은 사람에게는 상을 내리라고 명령했다. 며칠 후, 젊은 남자가 공자를 찾아와 도둑이 누구인지 안다고 했다.

"그걸 어떻게 아느냐?"

공자가 물었다.

"범인이 제 아버지이니까요."

젊은이가 대답했다.

"그럼 범인을 잡아와서 감옥에……"

공자는 명령을 내리다 말고 다시 물었다.

"잠깐, 네 아버지는 이웃의 말을 왜 훔쳤다고 하더냐?"

"굶주린 식구들이 거의 죽어가고 있었거든요."

젊은이가 대답했다.

"저도, 어머니도 굶어죽을 것 같았어요. 며칠째 먹은 음식이 하나도 없었어요. 아버지는 우리에게 뭐라도 먹이려고 말을 훔쳤어요."

"말을 훔쳤어도 네 아버지가 아니냐?"

황실의 고문이 말했다.

"왜 신고를 했느냐?"

젊은이가 말했다.

"사람은 정직해야 하잖아요. 그리고 진실을 말해야 하고요."

공자는 하려던 명령을 고쳐 다시 명령했다.

"아버지의 죄는 탕감해주고, 아들은 사흘 동안 투옥한다."

이 판결은 후대에도 많은 논쟁과 의구심을 낳았다. 당신도 의구심이 생기는가? 그렇다면 더 바랄 게 없다. 당신의 삶을 더 깊이 들여다볼 수 있게 되었으니 말이다.

아들의 행동은 도덕적, 윤리적으로 옳았다. 법을 따랐고 진실을 말했다. 하지만 그에게는 단순히 정직이 하나의 이상이 되어버렸다. 굶어 죽어가는 자신에게 밥을 주려던 아버지를 이해하는 것보다 더 중요해져버린 이상 말이다. 그에게는 정직한 사람으로 보여 인정받는 것이 가장 중요했다. 이상에 집착한 나머지 몰상식하고 매정한 사람이 되어버렸다. 어쩌면 공자는 굶주린 식구를 위해 말을 훔친 노인보다 이런 비정한 젊은이가 길거리를 활보하는 게 더 위험하다고 느꼈을지도 모르겠다.

이제 당신도 이 마지막 신성한 비밀, 영적으로 올바른 행동이 얼마나 강력할 수 있는지 보았길 바란다. 영적으로 올바른 행동은 결정을 잘 내리기 위해 단계별로 따라야 할 행동지침이 아니다. 다른 모든 신성한 비밀들처럼 이 비밀도 내면의 갈등을 해소하고 자기집착에서 벗어나고 훌륭한 지성으로 삶에 대응하는 것이다.

올바른 행동은 '이러이러해야 한다'는 생각 때문에 당신의 건강,

재산, 행복을 희생시키지 않는다. 자신의 행복을 소중히 하고 잘 보살핀다. 당신에게서 시작된 올바른 행동이 다른 사람들의 인생에도 폭포수 같은 영향을 준다. 올바른 행동 하나가 위대한 일을 하게 되는 첫 걸음이다.

영적 비전으로 당신은 아름다운 삶을 살리라.

내면의 진실을 발견하고 의식의 괴로운 상태에서 아름다운 상태로 나아가라.

당신은 아름다운 상태를 기반으로 영적으로 올바른 행동을 하고, 한 사람과 모두의 위대한 운명에 기여하리라.

우주 지성과 연결될수록 당신의 삶은 더 많은 기적을 이루리라.

상황을 더 넓게 보세요.
해결책은 직관 혹은 명상 중 영감의 형태
혹은 예기치 않은 곳에서
아이디어 형태로 나타날 것입니다.

부의 의식적인 창조자 되기

by 크리슈나지

당신은 지금 나른한 오후 좋아하는 노래를 흥얼거리며 관목이 우거진 정글로 들어가는 중이다. 갑자기 새 한 마리가 찢어질 듯 울어댄다. 곁눈질로 얼핏 보니 멀리 키가 큰 풀들 사이로 움직임이 느껴진다.

당신은 위험한 상황임을 알아차린다. 무언가가 당신을 보고 있다. 아니, 호랑이 한 마리가 당신을 덮치려 한다. 당신은 달리기 시작한다. 호랑이는 포기하지 않고 쫓아온다. 어느 순간 깊은 구덩이가 당신 앞에 그 큰 입을 떡 벌리고 있다. 호랑이를 피하려면 그 구덩이 안으로 뛰어들 수밖에 없다. 하강은 위험하다. 구덩이 벽은 바위로 거칠고 가파르다. 구덩이 바닥에 있는 탁한 물을 향해 굴러떨어지면서 온몸이 멍이 들고 피투성이가 될 것이다. 그런데 아래를 보니 거대한 악어 한 마리가 그 큰 입을 벌리고 있다. 공포에 질린 당신은 어떻게든 구덩이를 기어오르려 안간힘을 쓴다. 몇 번의 실패 끝에 벽에서 뻗어 나온 야생 덩굴을 하나 잡는 데 성공한다. 이제 당신의 발은 쩍 벌어진 악어의 입에서 몇 센티미터 떨어지지 않은 허공에 매달려 있다. 위에는 호랑이, 아래는 악어가 노려보는 가운데 덩굴 한 줄기에 생명을 의지하고 있다. 그때 흰 쥐 한 마리와 검은 쥐 한 마리가 나타나 당신이 붙잡고 있는 바로 그 덩굴을 갉아먹기 시작한다. 당신은 공포에 질린다. 그런데 그렇게 매달려 있는 당신 머리 위로 무언가가 떨어진다. 고개를 들어보니 머리 위 높은 곳에 벌집이 있다. 순간의 달콤함을 맛보고 싶어 당신은 혓바닥을 길게 빼고 꿀이 한 방울 더 떨어지기를 기다린다.

이런 끔찍한 상상을 하게 하다니…… 먼저 사과의 말씀을 전한다! 하지만 그만한 이유가 있으니 조금만 더 버텨주기 바란다. 이 우화를 이해하면 당신 의식을 열고 부$_富$에 대해 새롭게 생각하는 데 도움이 될 것이다.

이 이야기는 우리가 인생을 경험하는 방식을 표현하였다. 호랑이는 자아에 대한 집착이 강해질 때 조금씩 찾아오는 끔찍한 의식 상태 혹은 공포를 의미하는데, 특히 자신이 하찮은 존재일지도 모른다는 뿌리 깊은 공포를 의미한다. 우리는 이런 상태를 '보잘것없는 상태'라고 부른다.

구덩이는 부에 대한 야망 가득하고 공격적이고 무의식적인 추구를 의미한다. 이 구덩이로 굴러 들어가는 것이 '보잘것없는 상태'

에서 벗어나는 길일 것만 같다. 하지만 이것은 기뻐서 혹은 뜻이 있어서가 아니라 두려워서 시작하는 여정일 뿐이다.

악어는 자기 집착의 결과로 터져 나오는 경제적 문제들의 출구 없는 쳇바퀴 혹은 구덩이로 미끄러져 들어간 당신을 기다리는 지루하기 그지없는 그저 그런 삶을 뜻한다.

덩굴은 당신의 희망이다. 덩굴을 갉아 먹고 있는 흰 쥐와 검은 쥐는 그것이 지나감에 따라 희망이 점점 줄어드는 낮과 밤을 뜻한다.

그리고 마지막으로 꿀은 그 모든 불안과 혼란 속에서 우리가 갈망하는 짧은 쾌락의 순간들이다. 어떻게 하면 이런 궁지에서 빠져나올 수 있을까?

우리는 잘 알고 있다. 호랑이를 보는 순간 이 이야기의 주인공처럼 행동하게 된다는 것을. 먼저 무턱대고 구덩이 속으로 뛰어 들어갈 것이다. 물론 구덩이는 다양한 모습을 하고 있다. 구덩이는 부모가 기대했던 직업이 될 수도 있고, 자라면서 한 번도 받지 못한 존경을 약속하는 직장이 될 수도 있다. 아니면 형제들보다 돈을 더 많이 벌게 해주거나 파티에 가면 절대 무시받지 않을 직책일 수도 있다.

이런 것들이 성취감과 경제적 성공을 약속하는 듯 보인다. 하지만 괴로운 내면의 공허를 채우려는 목적으로 그 어떤 행동의 여정을 밟는다 한들 스트레스와 불안감이 우리 주변에 부정적인 에너지의 소용돌이를 일으키고, 그 결과 더 큰 혼돈을 겪게 된다. 그래서 결국 그저 그런 평범한 사람일 뿐이라는 생각에 더욱 괴로워진다.

의식이 그렇게 열등한 상태에서 살다보면 인생의 다른 모든 측면도 다치게 된다. 이 길은 결코 경제적 번영을 위해서도 옳지 않다. 이런 상태라면 부의 의식적인 창조도 불가능하다. 하지만 더 좋은 길이 있다. 다시 말해 의식의 또 다른 상태가 있다.

'보잘것없는 상태'의 삶

성공가도를 달리던 한 건축 회사의 CEO 마이크는 그 누구도 자신을 업신여기지 못하게 하리라 결심했던 그 순간을 아직도 생생히 기억한다. 당시 마이크는 십대 소년이었는데, 사랑하던 소녀가 다른 부잣집 남자아이가 더 좋다며 마이크를 보기 좋게 차버렸다. 그때 느꼈던 수치심은 오래도록 강하게 남았다.

마이크는 힘들고 어렵게 회사를 일궈냈지만 어쩐지 기대했던 만큼 행복하지 않았다. 너무 오래 고군분투해 이룬 성과라 그런지 거만해지기까지 했다. 자신이 무능하다고 느낄 때마다 자신과 주변 사람들에게 자신이 얼마나 대단한 사람인지 말하곤 했으니 거만해진 건 어쩌면 당연한 결과였다.

사십대 후반 무렵 경쟁자가 잘나가는 것을 질투한 나머지 도저히 가만히 두고 볼 수 없었던 마이크는 교활한 방법으로 그 경쟁자를 무너뜨렸다. 하지만 그 전략이 큰 역풍을 불러왔다. 그의 좋은 이미지를 더럽히는 일련의 사건들이 언론을 통해 만천하에 드러났다. 마이크는 회사를 잃었고, 고객들은 다른 회사로 옮겨갔다. 직원들도 그를 떠나 자신만의 일을 시작했다. 20년 동안 이룬 회사가 순식간에 무너지자 마이크는 바닥을 쳤음을 깨달았다. 이제 달리기를 멈춰야 할 때였다.

마이크는 우리가 제공했던 4일 코스에 주저하며 참석했다. 사실 십대인 딸이 억지로 보낸 것이었다! 하지만 둘째 날부터 마이크는 내면의 진실을 보기 시작했고, 자신이 집중력과 추진력이라 생각했던 것이 사실은 중독이었음을 보게 되었다. 물불을 가리지 않고 돈과 성공을 추구한 이유가 사실 십대 때 처음 경험했던 그 내면의 공허함을 채우기 위함이었다.

마이크는 자신이 무능하다는 생각에 괴로워하면서도 그 점을 결코 직시한 적이 없었으므로 오랜 세월 동안 그 느낌은 점점 더 커지기만 했다. 그 느낌을 잠재우려면 자신의 분야에서 그 누구보다 더 큰 인물이 되기 위해 노력하는 수밖에 없었다. 그 결과 마이크는 잔인하고 공격적인 방법도 서슴지 않은 채 성공을 향해 돌진했다.

그렇게 성공한 경영진이 된 후에도 마이크는 무능하고 공허하다고 느꼈던 십대 때와 비교해 내면이 하나도 달라진 게 없는 것 같았다. 부하 직원이 얼마나 많은가 혹은 자신의 분야에서 얼마나 인정을 받느냐는 중요하지 않았다. 마이크는 다른 누군가가 자신보다 더 성공할 거라는 상상만 해도 그 즉시 자신이 하찮게 느껴졌다. 마이크는 여전히 고통받고 있었다.

수업 마지막 날 나와 함께 무한한 의식의 장 속으로 들어가는 신비한 명상을 하던 중 마이크는 온몸의 마비를 느꼈다. 아무것도 아닌 사람으로 죽어가는 것에 대한 두려움이 밀려왔다. 아무리 발버

둥쳐도 그 두려움을 떨칠 수 없었다.

자신의 인생이 그 누구에게도 중요하지 않음을 깨달았을 때 마침내 마이크는 겸손을 부르는 진실을 하나 보았다. 자신의 존재로 인해 그 누구의 삶도 더 풍성해지지 않았다는 진실 말이다. 그리고 마이크는 깊은 명상에 들어가 목적 없는 존재가 되는 고통을 허락했다. 그 순간 배꼽 주변으로 놀라운 열기가 올라왔다. 큰 불이 일어나 그의 심장과 내장 속 너무도 익숙한 불만의 느낌을 활활 태워버리는 것 같았다. 약 한 시간 뒤 마이크는 달콤한 잠에 빠져들었다.

마이크는 돌아가는 비행기 안에서 자신의 삶을 돌아보았다. 그리고 보잘것없는 상태에서 벗어나려고 부를 추구했던 것이 얼마나 헛되었는지 보았다. 그가 온전해지고 행복해지는 데 물질적인 성공은 조금의 도움도 되지 못했다.

이제 진짜 변형의 과정이 시작되었다. 새로운 삶이 저 멀리서 손짓했다. 하지만 그 전에 마이크는 몇 가지 결정을 내려야 했다. 은퇴하고 소일거리나 하며 살까? 아니면 새로운 일을 시작할까? 그것도 아니면 하던 일을 계속해야 할까? 살던 도시에서 계속 일할까? 아니면 다른 도시에서? 혼자 일하는 것이 좋을까? 아니면 사람들과 같이? 어디서부터 시작하면 좋을까? 이때부터 마이크가 밟아나간 여정은 조금 있다가 다시 살펴보기로 하자.

'완벽한 자아'가 주는 고통

마이크가 비로소 알게 된 '보잘것없는 상태'에서는 부를 창조하려는 모든 노력이 마치 힘들게 잠깐 날고 마는 닭의 비행 같다. '보잘것없는 상태'에서는 다음 세 가지 길만 갈 수 있다.

1. 원하는 부를 얻는 데 실패한다. 열등한 지성 상태에서 일하기 때문이다.
2. 성공하더라도 그 과정이 너무 힘들고 고통스러웠던 터라 축하하고 만족할 마음이 그다지 남아 있지 않다.
3. 고통스러운 의식 상태에 있으므로 열심히 일해서 일군 성과를 위험에 빠뜨릴 수 있는 문제를 만들어낸다.

이 시나리오들이 막다른 길처럼 보인다면 그렇지는 않으니 안심하기 바란다. '보잘것없는 상태'가 우리를 이렇게 압도하는 데에는 다 이유가 있다. 그리고 그 이유를 알아차리기만 하면 그 힘을 잃게 할 수 있다. 애초에 그것은 어떻게 이렇게 강해진 걸까?

잘 알아두자. 마음은 우리가 습득하고자 의식적으로 선택한 정보만 습득하진 않는다. 그 외에도 우리 부모, 조부모, 선생님, 친구, 첫사랑 그리고 반려자가 가지고 있는 기대, 편견, 두려움 혹은 욕망 등도 우리 정신 속으로 쏟아져 들어온다. 심지어 우리가 좋아하지 않는 사람들의 의견조차 우리에게 영향을 준다!

그렇게 우리 안으로 흘러들어온 정보의 덩어리들이 우리 안에

'완벽한 자아' 이미지를 확고하게 했다. 안타깝게도 이 완벽한 자아는 도덕적으로 고결하고, 지능적으로 뛰어나며, 육체적으로 매력이 넘치고, 경제적으로 윤택하다. 스티브 잡스, 오프라 윈프리, 지지 하디드, 워런 버핏을 합쳤다고 생각해보라. 그리고 잊지 말고 거기에 달라이 라마를 선물로 얹어주자! 가만히 들여다보면 바로 그런 사람이 정도의 차이는 있겠지만 당신이 생각하는 이상적인 자아 이미지에 가장 가까울 것이다.

세상에서 가장 존경할 만하고 그 누구보다 성공한 사람 혹은 참으로 매력적인 사람을 의식적으로 롤모델로 삼지 않더라도 우리는 태어날 때부터 무엇이 착하고 성공하고 행복한 것인지 귀에 못이 박이도록 들었다. 그러므로 어릴 때부터 '어떤 사람이 되어야 하는지'가 확고했고, 자라면서 가족, 친구, 선생님의 점점 더 복잡해지는 기대와 바람을 충족시키기가 어려워진다.

어느새 이 완벽한 자아가 우리가 되어야 하는 사람에 대한 내면의 평가 기준이 되어버렸다. 우리는 이 이상과 우리가 처한 현실을 끊임없이 비교하고 그 이상에 못 미칠 때마다 자신과 자신의 인생에 실망한다. 그리고 그런 공허함에서 벗어나기 위해 절망스런 상태에서 각종 목표를 세우고 필사적으로 좇기 시작한다.

그렇다고 지금 프리타지와 내가 당신에게 이성적으로 생각하고 기대치를 낮춰 포기할 건 포기하여 인생에 만족감을 높이라고 말하는 것 같은가? 그것은 우리가 추구하는 철학이 아니다. 먼저 무엇이 이성적이고 무엇이 이성적이지 않음을 어떻게 구분하겠는가? 우리는 타협하는 삶도, 열악한 삶도 원치 않는다. 욕망을 버려야 한다고도 생각하지 않는다. 우리는 큰 욕망이든 작은 욕망이든 어떤 상태에서 그 욕망을 추구하는지가 더 중요하다고 생각한다.

그럼에도 결국 '보잘것없는 상태'가 되어버렸다면 어떻게 할까? 아니, 처음부터 그런 상태였다면? 하지만 분명히 말하겠다. 보잘것없는 상태로 태어난 사람은 아무도 없다는 걸.

'완벽한 자아'라는 판타지와 '보잘것없는 상태'의 현실 사이에서 정신적 분리를 경험하기 전까지 우리는 아름다운 존재 상태에 있었다. 어렸을 때는 뭔가 대단한 사람이 되겠다고 생각하지 않았다. 그저 주어진 순간에 만족했다. 화가 나든 기쁘든 질투가 나든 지루하든 재미있든 우리는 그 존재 상태와 하나였다.

그런 존재 상태에서 우리는 온전히 우리 자신이었고, 남들이 어떻게 생각하는지는 중요하지 않았다. 그야말로 순진무구한 아름다움의 상태에 있었고 그것은 낙원이었다. 불행은 그저 우리 몸에 떨어진 한 방울의 빗물처럼 존재감이 없었다.

우리는 피부색, 눈동자색에 관계없이 당당하게 우리 자신으로 살았다. 알파벳도 숫자도 몰랐지만 평화로웠다. 각자의 방식으로 각자 필요한 시점에 배웠다. 독특하고 창조적인 행위 속에서 자연스럽게 이루어지는 배움이었다.

우리는 자라면서 이런 여유로움을 절대 만족감을 주지 않는, 평가가 미덕인 복잡한 시스템과 바꿔버렸다. 이제 우리는 '완벽한 자아'에 못 미칠수록 '보잘것없는 상태'로 더 깊이 더 고통스럽게 가라앉는다. 인생에서 실패를 맛볼 때마다 자신이 한없이 무가치해 보인다.

부모님이 나와 형제자매를 비교했을 때 아무것도 아닌 존재가 될지도 모른다는 공포가 스멀스멀 올라왔다. 선생님이 다른 학생을 칭찬할 때 그 공포가 우리를 강타했다. 한눈에 반한 사람이 나를 거절했을 때, 꿈에 그리던 직장에 들어가지 못했을 때 그 공포가 우리를 잡아먹기 시작했다.

많은 인기와 높은 명성을 얻은 사람도 이 '보잘것없는 상태'에 빠질 수 있고, 그러면 세상에서 가장 영예로운 상이나 찬사가 조금도 기쁘지 않다. 이것만은 꼭 알아두기 바란다. '보잘것없는 상태'라면 부의 창조는 불가능하므로 추구할 수도 없다. 단지 강박적으로 절망의 구렁텅이를 향해 돌진할 뿐이다.

여기서 잠시 멈추기 바랍니다.

'보잘것없는 상태'가 얼마나 부의 창조와 여러 가지 윤택한 삶을 방해하는지 깊이 생각해봅니다. '보잘것없는 상태'는 당신을 어떻게 절망 속에 가두나요? 우주 지성이 해결책을 제시해주기 원한다면 '고요한 마음명상(96~97쪽 참조)'을 통해 자기 집착과 이기심을 내려놓아야 합니다.

상황을 더 넓은 관점으로 보세요. 가족 문제든, 직장 문제든, 주변 환경 문제든 전체적인 효과를 보세요. 해결책은 직관 혹은 명상 중 영감의 형태로 혹은 예기치 않은 곳에서 아이디어의 형태로 나타날 것입니다.

의식적인 리더로서 자신에게 물어보세요. 성취를 더 강력하게 하는 원동력은 무엇인가요? 남들과 비교하기가, 하찮은 존재가 될 것 같은 두려움이 나를 움직이는 동력인가요? 아니면 내 깊은 곳에서 우러나오는 변화를 창조하고자 하는 즐거운 열정이 나를 고무시키나요?

마음의 염증 치료하기

누구나 몸의 염증을 경험한다. 모든 유기체는 무언가 해롭거나 몸을 교란시키는 것이 들어오면 그것을 제거하기 위해 생물학적 반응을 하게 되어 있고, 그 결과 염증이 일어난다. 통증이나 불편함이 생기긴 해도, 염증의 시각적 징후나 증상은 사실 우리 몸이 자신을 치료하기 위해 전쟁 상태에 돌입했다는 증거이다.

물론 염증은 때때로 몸의 항상성을 깨며 더 많은 염증을 부르기도 한다. 그렇게 만성 염증이 되고 만성 염증은 파괴력을 숨긴 채 조용히 진행되어 매우 위험하다. 사실 스트레스가 일으킨 염증은 일단 한 번 일어나면 몇 년, 심지어 몇십 년 동안 별다른 증상 없이 온몸의 세포들을 조금씩 죽일 수도 있다. 이것은 사실상 온몸이 전쟁 상태에 있다는 것이고, 이 전쟁이 오래가면 결국 당뇨병, 알츠하이머, 뇌막염, 암, 심장병 등의 각종 질병이 발생한다. 그러므로 현대 의학은 염증성 질환 치료 연구에 집중할 수밖에 없다.

우리 몸이 염증을 가지고 살아가듯, 우리 존재도 그렇다. 시작은 마음의 상처에 대한 흔한 반응 하나였지만 어느새 그것이 우리 가슴과 정신을 병들게 한다. 일단 마음의 염증이 한 번 발생하면 그것이 수십 년에 걸쳐 우리 인생을 조용히 삼켜버릴지도 모른다.

당신은 과거의 트라우마를 극복했다고 할지도 모르겠다. 어릴 때의 그것과는 전혀 다른 삶을 일구어왔다면 말이다. 하지만 자신을 치유하고 윤택하고 아름다운 삶을 살기 위해서는 '보잘것없는 존재'가 되는 공포와 반드시 대면해야 한다. 어떻게?

'보잘것없는 상태'에 있음을 보여주는 징후들이 있는데 부에 대한 극단적인 자세가 그중 하나이다. 이 사람들은 보통 강박적으로 돈만 좇거나 돈을 완전히 경시한다. 아니면 그 둘 사이를 왔다 갔다 할지도 모른다.

먼저 돈에 집착하는 경우부터 보자. 병원균에 감염되었을 때 우리 몸이 어떻게 싸우는지 잘 알 것이다. 우리 몸은 일단 체온부터 올린다. '보잘것없는 상태'와 싸워야 할 때도 어떤 사람들은 그 비슷한 반응을 보인다.

이들은 열이 올라 혼미한 상태에서 부를 축적하고 지위를 획득할 생각만 한다. 하지만 열병이 이미 심해진 상태라면 현실을 명확히 볼 수 없다. 왜곡된 미래의 환영만 볼 뿐이다. '돈이 더 있었더라면, 사랑이든 행복이든 권력이든 원하는 것은 다 가질 수 있었을 거야'라고 생각한다. 하지만 이런 비전에 휘둘리면 지속 불가능한 짧은 에너지의 분출만을 경험한다. 이런 마음 상태로는 장기적으로 무언가 견고한 것을 구축해내기 어렵다. 성공에만 집착할 때 실패는 공포 그 자체가 되고, 탐구는 불가능해지고 도전이나 문제에 창의적으로 대처할 수도 없다.

일본 전통 꽃꽂이 선생이었던 메이는 노년에 돈이 부족할 것 같다고 늘 걱정하며 살았다. 사실 은행에 돈이 얼마나 있는지 거의 강박적으로 확인하며 매일 얼마를 더 모을 수 있을지 생각하며 수년을 보냈다. 하지만 돈을 벌기 위해 어떤 조치를 취하든, 돈을 얼마나 많이 벌든 만족할 수도, 안전하다 느낄 수도 없었다. 그 탓에 오랫동안 우울증을 앓았다.

그런 감정의 뿌리를 보게 된 날, 메이는 어린 시절 아무리 해도 부모님을 기쁘게 해드릴 수 없다고 느꼈음을 깨달았다. 그 똑같은 마음 상태를 메이는 모든 친구, 연인 관계로 가지고 들어갔다. 메이는 심지어 고등학교 때부터 돈을 모을 방법을 강박적으로 생각했다. 메이는 자신이 느끼는 그 고통스러운 불안감을 돈으로 해결하려고 했다.

세월이 흐를수록 돈에 대한 메이의 생각은 계속 왜곡되었다. 은퇴할 때까지 돈을 얼마나 모을 수 있을까 계산하는 데 엄청난 시간을 할애했고, 돈이 충분하지 않을 거란 생각에 공포에 떨었다. 그럴 때면 쉬지 않고 일해 돈을 벌었다. 하지만 충동적으로 고가의 물건을 샀고 투자에도 계속 실패했으며 그렇게 사라져버린 돈을 생각하며 후회하기 일쑤였다. 메이는 내면이 가난한 채로 근근이 살아갔다. 그러다 공포가 극에 달하면 며칠씩 기운이 없고 아팠다.

메이의 자유는 현재 겪고 있는 문제들이 전부 자신의 내면 상태 때문임을 깨달았을 때 찾아왔다. 문제로 그녀를 시험한 것은 우주가 아니라 그녀의 삶을 통제 불능 상태로 몰아갔던 그녀 자신의 아픈 마음이었다. 그후 몇 달 동안 그런 자신의 내면 상태를 더 깊이 알아가며 메이는 자신이 매일 다루는 꽃들과 꽃꽂이 수업 학생들과도 교감하는, 아름다운 상태로 자연스럽게 깨어날 수 있었다.

메이가 시작했던 깊은 영적 여정이 그녀 뇌 속에, 한때 그녀를 불안하게 했고 돈에 집착하게 했던 신경회로를 끊어버렸다. 메이는 이제 늘 아름다운 의식 상태에 살며 우주가 자신의 동맹자라고 느낀다. 많은 행운과 싱크로니시티를 제공하는 동맹자.

열이 우리 몸에 염증이 있음을 경고하듯, 돈에 대한 광적인 집착도 깊게 숨어 있는 병을 보게 할 수 있다. 계속 약을 삼키며 병이 없는 양 살아갈 수도 있지만, 불편한 감정을 읽고 그것을 '보잘것없는 상태'에 대면하라는 메시지로 받아보는 건 어떨까?

두 번째로 '보잘것없는 상태'라고 느낄 때 우리는 돈을 완전히 무시할 수도 있다. '보잘것없는 상태'라고 느낄 때 강박적으로 은행계좌만 생각하는 사람도 있고, 완전히 그 반대 방향으로 달려가는 사람도 있다. '돈은 나쁜 거야. 돈 때문에 사람이 오만해지고 돈이 세상을 망치고 있어…… 돈을 좇을 이유도, 돈을 존중할 이유도 없어'라는 사고를 견지한다.

이런 내면의 혐오가 심지어 분노로 변신하기도 한다. 이 분노는 본인에게 매우 정당한 것만 같다. '세상에 굶어죽는 사람이 얼마나 많은데, 저 사람은 어떻게 저렇게 큰 집에서 살 수가 있지?' 돈을 거부하는 관계를 갖고 있다면 세상에 대한 자신의 공헌을 경시하게 되기도 한다. 다시 말해 자신이 한 일이 금전적으로 얼마나 큰 가치가 있는지 말하기를 꺼리게 된다. 사람들이 공정하지 않다고 불평만 할 뿐 정당한 대가를 요구할 용기는 없다.

하지만 좀 더 깊이 들여다보면 돈과 부자를 경시하는 것 또한 과거에 발생했던 한 염증에 그 뿌리를 두고 있음을 볼 수 있다. 돈에 집착하는 첫 번째 반응만큼이나 돈을 경시하는 두 번째 집착도 그만큼 바보스럽고 위험하다. 당신도 혹시 지금 거기에 갇혀 있지 않은가?

───────────◇───────────

여기서 잠시 멈추기 바랍니다.

내면으로의 짧은 여행에 준비가 되었다면 말입니다. 숨을 천천히 쉬며 지금 이 순간에 오롯이 현존하기로 합니다. 그리고 깊은 내면의 진실을 탐구해 들어갑니다. 가만히 앉아 관찰합니다.

'나는 돈을 어떻게 생각하는가? 나는 돈에 집착하는가? 돈이 신발 속 자갈 같아서 움직일 때마다 신경이 쓰이지는 않는가? 아니면 돈에 무관심하거나 돈을 경멸하는가? 아무것도 아닌 사람이 될 것 같아 두려워서 얼마나 피곤한가? 그 누구에게도 영향을 주지 못하는 사람으로 살다가 죽을까봐 시시때때로 두렵지 않은가? 되고 싶은 미래의 모습에 집착한 나머지 현재를 살지도, 느끼지도, 다른 사람과 연결되지도 못하고 있진 않은가? 아니면 부의 추구가 자기를 발견하는 즐거운 상태에서, 그리고 당신의 재능을 세상과 나누려는 바람에서 이루어지고 있는가?

두려워하며 고통의 상태에 있는 자신을 혼내라는 것이 아니다. 오히려 그 반대이다. 우리 자신을 축하하려는 것이다. 가면에서 출발해 진실에 도달하는 여정을 꼭 거쳐야만 아름다운 의식 상태로 들어갈 수 있기 때문이다!

우리는 이 '보잘것없는 상태'에서 벗어날 수 있다. 아니, 벗어나야 한다. 고통의 의식 상태가 지금도 당신 주변에 부정적인 에너지장을 만들고 있기 때문이다.

우리 모두 목격하지 않는가? 돈에 집착하는 고통 속에 사는 사람이 심하게 어리석은 결정을 내려 만나는 사람한테까지 악영향을 줄 수 있음을. 그리고 '보잘것없는 상태'가 어떻게 워커홀릭 혹은 우울증으로 이어지는지도 잘 알고 있다. 이런 상태에 있는 사람이라면 그 주변에 있는 것조차 결코 쉬운 일이 아니다. 이들은 보통 분노에 사로잡혀 있거나 수치심에 갇혀 타인이 보내는 사랑을 받아들이지 못한다.

넓게 보면 부가 우리로 흘러 들어오는 것을 이런 '보잘것없는 상태'가 막아버린다고 할 수 있다. 지능을 발휘할 힘도, 상서로운 일이 일어나는 기회도 전부 차단해버린다. 힌두교 문화에서는 락쉬미 여신이 부를 상징하는데, 이 여신이 우리 인생에 들어오지 못하게 문을 닫아버리는 셈이다. 하지만 이런 상태를 깨고 나올 방법은 분명히 있다.

건축 회사의 CEO인 마이크는 그후 어떻게 되었을까? 내면으로 향하는 여정을 밟았던 마이크는 그렇다고 해서 경제적 안정 추구를 그만두지는 않았다. 대신 다른 것을 포기했다. 이제 마이크는 공허함에서 도망치려고 일하지 않는다. 자신을 조롱했고 등졌던 사람들에 대한 분노를 동력으로 삼지도 않는다. 심지어 잃어버린 사회적 위상과 이미지를 되찾으려는 노력에서 비롯된 것도 아니었다.

마이크는 고요한 용기가 있는 아름다운 상태로 깨어났다. 마이크는 자신의 의식 상태와 행동이 얼마나 대단한 파괴력을 지니는지 잘 의식했다. 그래서 이제 본때를 보여주거나 작당모의를 할 필요가 없었다. 변형된 의식의 힘이 저절로 그를 새로운 목적으로 이끌기 때문이다. 마이크는 자신의 지식을 더 큰 선을 위해 이용하고 싶었다.

현재 마이크는 새로운 팀을 이끌고 있다. 이 글을 쓰고 있는 지금 마이크와 그의 팀은 사회에 갓 발을 디딘 새내기들에게 건축 해법을 알려주는 온라인 웹사이트를 운영하고 있다. 평화와 열정의 아름다운 상태를 토대로 지금 이들은 자신들의 꿈을 향해 한 발자국

씩 나아가고 있다. 이번에는 그 발걸음이 전혀 무겁지 않다고 한다.

의식적인 창조자 되기

부의 창조는 세계적으로 가장 많이 논의된 주제 중에 하나이다. 당신도 분명 부자 되기 전략이나 기법을 많이 들어봤을 것이다. 하지만 부의 의식적인 창조자가 되는 여정은 그런 전략이나 기법과 매우 다르다. 프리타지와 나는 부의 창조에 의식적 접근법을 옹호한다. 꿈의 실현을 방해하는 파괴적인 의식 상태에서 한 걸음 물러나 대범하게 온전히 깨어 있고 창조적인 의식 상태로 뛰어오르자는 뜻이다. 그럼 결핍 상태에서 무언가를 창조하고 구축하고 성취하려 애쓰지 않아도 된다. 훨씬 더 깊은 창조의 우물에서 물을 퍼올리는 법을 알게 된다.

이 의식의 여정을 밟은 학생은 새로운 기회를 발견하고 기적 같은 싱크로니시티를 맛보게 된다. 그리고 삶의 거대한 물결을 애써 거스를 필요 없이 그 물결 위에 올라타 흘러가며 멋진 경관을 보게 될 것이다.

그렇다면 어떤 사람이 부의 의식적인 창조자인가? 부의 의식적인 창조자는 어떤 의식 상태에서 부와 성공을 추구하는지 자각하고 있다. 부의 의식적인 창조자는 자신이 추구하는 일, 그 배후의 목적을 잘 알고 있다. 부의 의식적인 창조자는 자신의 부 창조가 주변 생태계에 어떤 영향을 주는지 잘 인지하고 있다.

한 사랑받는 다국적 기업의 CEO 이야기를 한번 해보자. 몇 년 전, 이제 막 CEO가 된 이 사람과 그의 아내가 우리 아카데미에서 첫 번째 의식 변형의 여정을 걸었다. CEO의 기업은 당시 재정 위기를 겪고 있었으므로, 이사회에서는 그에게 그런 상황을 개선하라고 압박을 했다. CEO는 그런 위기 때 대부분의 리더들이 그러하듯 비용 절감을 위해 사람들을 해고하기로 했다.

무거운 마음으로 아내에게 해고를 감행해야겠다고 하자 아내가 이렇게 질문했다.

"직원들을 내보내기로 한 건 이해해요. 하지만 어떤 상태로 그런 결정을 내린 거죠? 두려워서? 아니면 사랑으로?"

이 질문이 동기가 되어 CEO는 첫 번째 신성한 비밀, 즉 영적 비전을 찾는 일로 내면의 여정을 걷기 시작했다. 그리고 자신이 아름다운 의식 상태가 아닌 고통의 의식 상태에서 그 문제에 반응하고 있음을 깨달았다. 그리고 고통의 의식 상태라면 필사적이 되므로 제대로 생각할 수 없음도 분명히 깨달았다. 고통의 상태가 더 많은 문제를 일으킨 것이다. 고통의 상태에서 벗어나 아름다운 의식 상태에서 회사의 문제를 해결하기로 결심한 CEO는 두 번째 신성한 비밀, 즉 내면의 진실을 찾는 여정을 시작했다. 그리고 자신의 결정이 회사의 큰 비전을 위해서라기보다 개인적인 자기 집착과 자기 보호에 의한 결정이었고 나아가 두려워서 내린 결정임을 깨달았다. 그는 이사회가 자신에 대해 나쁘게 평가할 것이 두려웠고, 이사회의 눈에 자신이 성공적인 CEO로 비치길 그 무엇보다 간절하게 원했다.

그런 두려움을 인식하자 CEO는 자신에게 물었다. '나는 어떤 의식 상태에서 이 상황에 대처하고 싶은가?' 대답은 자명했다. 명상을 하면 할수록 회사의 다른 모든 직원들과 연결되는 모습이 떠올랐다. 크리스마스 직전에 직장을 잃으면 그들의 마음이 어떨지도 생생하게 느껴졌다. 그리고 나서 CEO는 네 번째 신성한 비밀, 즉 영적으로 올바른 행동을 하기 시작했다. 굳은 결의와 우주 지성에 대한 확신으로 CEO는 회사의 전 직원에게 한 가족처럼 단결해 생산, 포장, 운송, 전시의 모든 면에서 비용을 절감할 것을 독려했다.

CEO는 연결 상태에 있었고, 그것이 회사의 모든 사람에게 깊은 영향을 주었다. 모두가 한 마음으로 비용 절감을 위해 노력했고 덕분에 회사는 간신히 손익분기점을 넘어설 수 있었다.

그런데 바로 그때 뜻밖에 좋은 일들이 일어나기 시작했다. 크리스마스가 다가오자 경기가 좋아졌고 회사 제품에 대한 수요가 큰 폭으로 늘었다. 해고를 감행했다면 공급이 불가했을 정도의 수요였다. 결과적으로 그의 CEO 재임 기간에 회사는 해마다 이전과 비교할 수 없을 정도의 성장을 거듭했다.

네 개의 추구, 두 개의 길

개인적으로 우리 부부는 재산은 물론 그 어떤 것도 과시하기를 꺼리지만 우리의 지혜만큼은 공유하고 싶다. 22년 결혼 생활 동안 여러 글로벌 사업을 함께 성공적으로 발전시켜 나가는 데 밑거름이 되었던 바로 그 '지혜' 말이다. 물론 우리와 함께한 많은 학생들을 부의 의식적인 창조자로 만든 지혜이기도 하다.

고대 인도의 현자들은 인간이 추구하는 모든 것을 다음 네 가지로 분류한다.

- 아르타Artha — 부와 풍요가 줄 수 있는 모든 호사와 안락함
- 카마kama — 애정, 친밀감, 존경, 자비심을 포함한 모든 형태의 사랑
- 다르마Dharma — 가족, 공동체, 세상을 더 좋게 만들고 싶은 열정
- 묵티Mukti — 고통과 분리의 환영에서 벗어남, 깨달음, 다시 말해 영적 깨어남

당신이 바라는 것이 무엇이든 이 네 가지 추구 중에 하나로 귀결될 것이다. 프리타지와 나는 이 네 가지 추구의 틀에 매우 익숙한 문화에서 자랐지만 오앤오 아카데미 커리큘럼을 꿈꾸기 시작할 때가 되어서야 비로소 이 고대의 지혜가 얼마나 위대한지 깨닫게 되었다. 네 가지 목적, 나아가 인간의 모든 바람은 아름다운 의식 상태나 보잘것없는 사람이라고 느끼는 고통의 의식 상태, 이 두 상태에서만 추구된다. 그럼 왜 그런지 다르마부터 살펴보자.

사람은 누구나 해야 할 의무가 있다. 기본적으로 자식과 부모로서 의무, 배우자로서 의무, 시민으로서 의무 등을 가진다. 그런데 이런 역할을 스트레스 상태에서 수행한다면 부담이 되고 억지로 참아내야 하는 힘든 일이 된다. 사회의 일원으로서 제 몫을 해야 할 것 같고 좋은 게 좋은 거라 생각하고 의무를 다하지만 진심으로

하는 일은 아니다.

그런데 아름다운 의식 상태로 들어가면 기본적으로 연결을 느끼므로 가족, 공동체, 사회의 상호연결성을 지지한다. 따라서 열정적으로 다르마를 수행하게 된다. 기술을 적용하고 영향력을 발휘하는 등 모두의 웰빙을 위해 할 수 있는 모든 걸 다한다. 모든 것이 서로 연결되어 있음을 인식하고 우리의 상태, 우리의 행동이 생태계 저 멀리까지 영향을 준다는 것을 잘 안다. 자신이 자연스럽게 그리고 끊임없이 만들어내는 파장을 본다면 과연 누가 자신을 아무것도 아닌 사람이라고 생각할까?

마찬가지로 사랑의 추구인 카마도 보잘것없는 상태에서 추구될 수 있다. 그런 일이 벌어지면 사랑을 끝없이 갈망하게 된다. 필사적으로 다른 사람을 만족시키려 하거나 기분 좋아지려고 다른 사람들에게 무언가를 기대한다. 절박한 쾌락의 추구는 통제 불가한 집착이 되기 쉽다. 이런 카마와 반대로 아름다운 상태에서 추구하는 카마는 행복과 자유를 주고 발전을 부른다.

영적인 추구인 묵티조차 보잘것없는 상태에서 이루어지면 이때는 영적인 추구가 야망이 되고, 남들에게 보이기 위해 지식과 기술을 축적하는 공격적인 과정이 된다. 속세를 떠난 사람이라는 고결한 이미지에 매달려 현실 문제에서 도망치려 하거나 그 결과 절망, 소외, 갈등의 더 깊은 나락 속에서 방황하고 있는 자신을 발견한다. 이것이 가장 경건해 보이는 사람조차 세상과 전쟁 중인 것처럼 느끼고, 가장 이타적으로 보이는 사람조차 속으로는 '왜 나만 빼고

다 잘 사는 것 같지?'라며 울부짖기를 멈출 수 없는 이유이다.

'보잘것없는 상태'에서 영적인 길을 추구한 사람의 전형적인 예로 붓다의 사촌이었던 데바다타를 들 수 있겠다. 데바다타는 외모가 출중했고 머리가 비상해서 붓다보다 더 설법을 잘한다는 평을 듣기도 했다.

이야기는 둘의 어린 시절로 거슬러 올라간다. 어느 날 붓다의 발치에 데바다타가 쏜 화살을 맞은 백조가 떨어졌다. 붓다는 그 즉시 상처 입은 백조를 극진히 간호해 다시 건강하게 만들었다. 그러자 데바다타는 자신이 화살을 쏘아서 잡은 백조이니 자기 것이라고 주장했다. 하지만 집안의 어르신들이 붓다가 그 백조의 생명을 구했으니 붓다의 것이라고 했다. 그때부터 데바다타는 보잘것없는 존재라는 의식 상태에 빠졌던 걸까? 물론 그전부터 여러 사건이 있었을 수도 있다. 붓다가 마침내 깨닫고 집으로 돌아오자 데바다타는 붓다의 사원으로 들어갔다. 붓다보다 더 위대한 스승으로 추앙받고 싶은 마음을 숨기고자. 그리고 엄격한 수행을 했지만 끝내 불행한 사람으로 죽어갔다.

누구나 데바다타가 아닌 붓다가 되고 싶겠지만 데바다타에 공감하기가 그리 어렵지는 않을 것이다. 멋진 사람과 마주쳤을 때, 특히 그가 우리 가족, 친척, 가까운 친구라면 누가 과연 질투하지 않겠는가? 나와 달리 무슨 일이든 척척 해내는 형제나 친구를 보면 누가 과연 속으로 그들과 전쟁을 치르지 않겠는가? 불행하게도 이것이 '보잘것없는 상태'의 힘이다. 쉽게 무시할 수 없는 힘이 분명하다. 그리고 그렇게 유혹적이다. 이 힘이 우리를 나락으로 끌어당긴다.

이제 네 번째로 아르타를 보자. 부담으로 의무(다르마)를 수행해서는 안 되는 것처럼 부(아르타)를 얻을 목적에 맹목적으로 집착한다면 결코 풍요로움을 누릴 수 없다. 아르타의 고결한 추구, 즉 부의 의식적인 창조는 아름다운 의식 상태에서만 가능하다. 아름다운 의식 상태일 때 항상 이겨야 한다는 강박 혹은 실패에 대한 불안에 조종당하지 않는다. 그럼 이제 더 이상 부 창조를 전쟁하듯하지 않아도 된다. 성공은 이제 죽느냐 사느냐의 문제가 아니다. 성취는 즐거운 여정이 된다. 이런 의식 상태라면 창조성이 폭발한다. 그럼 부가 알아서 우리를 찾아온다.

이렇게 연결되고 창조적인 상태라면 우리는 인생의 위대한 목적을 발견하게 된다. 그리고 사후에도 길이 남을 무언가를 하게 된다. 자신의 지성, 능력, 재능을 단지 자신의 영향력 혹은 부를 확장하기 위한 도구로 쓰는 것이 아니라 사람이나 상황 혹은 세상을 변화시키기 위한 수단으로 보기 시작할 때가 바로 그 시작이다.

그런데 고결한 목적은 분명 있지만 그것이 스트레스와 괴로움에서 벗어나게 해줄 정도는 아니라면 어떨까?

연결의 아름다운 상태에서 인생의 목적 추구하기

동물에게 더 나은 삶을 제공하고자 회사를 설립한 한 젊은 한국인 남자가 있었다. 이 사람은 리더로서 실패했다는 생각에 우울증에 자살 충동까지 느끼는 상태에서 우리를 찾아왔다.

직장에서 불행한 이유가 목적의식이 없기 때문이라고 믿는 사람이 많다. 하지만 이 남자에게는 분명한 목적이 있었다. 그는 늘 동물이 더 좋은 삶을 살도록 하고 싶었고, 대학에 다닐 때 이미 동물의 삶을 이롭게 할 신기술을 계발하였다.

불행한 이유가 목적을 달성할 수 없어서라고 생각할 수도 있겠다. 하지만 이 남자의 회사는 이미 꽤 성공했고 잘 성장하고 있었다. 그러면 수직적인 회사 분위기 때문에 불행한 건가 생각했다. 하지만 그것도 이 남자의 문제가 아니었다. 그렇다면 무엇이 그를 고통스럽게 했을까? 그는 왜 목적대로 잘나가는 사업체를 일구었음에도 자신이 실패자라고 느꼈을까?

우리와 함께 깊은 내면으로 들어간 남자는 자신이 처한 상황에 대해 좀 더 자세히 이야기해주었다. 지난 5년 동안 100명이 넘는 직원들이 사직서를 냈다고 한다. 남자는 그때마다 그들을 설득해서 회사에 남게 했다. 하지만 이제 더는 그렇게 할 수 없을 것 같았다. 그는 지쳤다. 그들에게 대의를 거듭 확인시키고 급여를 올려주고 인센티브를 주고 설득하는 일에 지쳐버렸다.

아카데미에서 영적인 여정을 밟아가는 동안 남자는 자신의 피로감이 일 때문이 아니라 자기 내면의 상태 때문임을 깨달았다. 남자는 자신이 트레드밀에서 절대 내려올 수 없는 사람 같았다. 그는 아버지에게 자신의 가치를 계속 증명하고 싶었다. 그리고 회사에서는 똑똑한 신임 경영자에게 밀리고 싶지 않았다. 그래서 회의 때마다 온갖 애를 쓰며 임원들의 인정을 받으려 했다.

이 남자는 그동안 자신이 이룬 모든 성과가 사람들의 기대에 미치지 못할까 봐 두려워하는 상태에서 비롯되었다는 사실을 보았다. 게다가 그는 부하 직원을 존중하지 않는 단절된 사람이었다. 남자는 직원들과 손익을 따지는 거래 관계만 유지했다.

내면으로 깊이 들어간 남자는 자신의 성공과 발전을 지지해준 직원들에게 감사한 마음을 가지게 되었다. 그들의 불만과 좌절을 진정으로 이해하기 시작했다. 그렇게 의식 변형의 여정을 밟은 지 아홉 달이 되던 날, 남자는 회사 분위기가 많이 바뀌었다고 했다. 회사 전체의 분위기가 조금씩 조화로운 쪽으로 바뀌었기 때문이다.

이 이야기가 보여주듯 아무리 고결하고 투철한 목적의식이 있어도 스트레스 상태에 압도당할 수 있다. 일, 경력, 목표 등이 스트레스 상태에 압도되면 직장은 어느새 파괴적인 의식의 전쟁터가 된다. 반대로 아름다운 의식에 고무된 상태라면 직장은 우주 지성이 함께하는 놀이터가 된다. 이제 당신의 상태는 수레를 원하는 방향으로 끌고 갈 수 있는 말과 같다. 이 수레는 당신의 일이 될 수도 있고 사람들과의 관계가 될 수도 있고, 생태계 전체에 미치는 당신의 영향력이 될 수도 있다. 당신의 의식 상태가 길을 보여줄 것이고 당신의 삶은 그 길을 따라갈 것이다.

당신은 어디로 가고 있는가?

근본적인 질문부터 해보자. 당신은 어디로 가고 있는가? 무엇이 당신을 그곳으로 데려가고 있는가? 당신은 어떤 의식 상태에서 팀을 이끌고 있는가? 당신의 매니저는 어떤 의식 상태에서 팀을 이끌고 있는가? 당신이 몸담은 기관의 문화가 어땠으면 좋겠는가? 매일 어떤 곳으로 출근하고 싶은가? 스트레스 가득한 곳으로? 아니면 아름다운 곳으로? 연결된 상태로? 아니면 단절된 상태로?

여기서 잠시 멈춰봅니다.

이 순간 무엇이 당신의 일과 관련된 결정을 내리나요? 당신은 불안감이 시키는 일을 하고 있지는 않나요? 단지 먹고 살기 위해 일하고 있지는 않나요? 돈이 충분하다면 당장 일을 그만둘 건가요?

분노와 좌절감이 시키는 일을 하고 있지는 않나요? 자신에게 혹은 배우자, 부모, 형제, 경쟁자 혹은 추종자에게 자신의 가치를 증명하려고 일하고 있지는 않나요? 어쩌면 심심하고 따분해서 일하고 있을지도 모릅니다. 그러니까 당신은 시간이나 죽이려고 일을 하고 있지는 않나요?

당신은 무엇 때문에 일을 하나요?

당신은 어디로 가려고 하나요?

올라오는 저항을 내려놓고 당신 내면의 진실을 보기 바랍니다.

골똘히 생각해보았다면 마지막 순간에 무엇을 깨달았는가? 당신은 기쁨, 감사 혹은 자비심을 따라가고 있는가? 두려움과 불안감이 부로 향한 당신의 길을 가로막고 있지는 않은가? 부를 부르는 의식을 깨우면 이제 창조의 전체 과정을 즐기게 된다. 세상을 위한 당신의 기여가 다른 존재들의 삶에 어떤 영향을 주는지 의식할 것이다. 그리고 다른 사람의 일과 공헌이 당신에게 어떤 영향을 주는지도 의식할 것이다. 미처 그런 생각을 하지 못했을 수도 있지만 사실이 그렇다. 다음 이야기가 이 사실을 증명해줄 것이다.

어떤 남자가 차를 운전하고 있었다. 늘 달리던 꼬불꼬불한 길이었다. 그런데 마침 길로 굴러 떨어지던 큰 바위에 부딪히고 말았다. 차는 튕겨나가 길에서 몇 번 돌다가 크게 부서졌고 남자는 사망했다. 이야기는 여기서 끝나지 않는다. 기적 같은 현대 과학 덕분에 남자는 중환자실에서 다시 깨어났다. 그런데 다시 깨어난 남자는 완전히 다른 사람이 되어 있었다. 어떻게?

다시 살아나기 전 남자는 눈앞에 펼쳐지는 지금까지 살아온 자신의 인생을 보았다. 다만 이번에는 자신이 아니라 자신이 살면서 만났던 모든 다른 존재들의 입장에서, 그들의 눈으로 자신의 인생을 보았다. 그는 자신이 어린아이였을 때 막대기로 염소를 때리는 모습을 보았다. 그런데 이번에는 그 염소가 되어 염소가 느꼈을 고통과 충격을 그대로 느꼈다. 학교에서 다른 아이들을 괴롭히는 자신도 보았다. 이번에는 그 다른 아이들이 되어 모욕감과 공포를 그대로 느꼈다. 그렇게 자신의 인생이 영화처럼 눈앞에 펼쳐지고 그곳에서 자신이 악당 역할을 하는 모습을 보고 있자니 더할 수 없는 슬픔이 그를 압도했다. '나는 항상 사람들 사이에 벽이 있다고 느꼈어. 그런데 이제 보니 내가 그 벽이었구나.' 남자는 깨달았다. 자신이 인생을 낭비했음을 깨닫자 남자는 괴로운 의식 상태로 깊이 빠져들었다.

바로 그때 또 다른 시리즈의 기억들이 떠올랐다. 사고를 당한 그 바위 산길을 운전해 출근할 때면 가끔 그 길에 서북이들이 나타났다. 그대로 두었다간 거북이들이 차에 치여 죽을 게 뻔했다. 그래서 남자는 차를 세우고 거북이들을 집어 그들이 가고자 하던 방향으로 옮겨주고 다시 운전해 가곤 했다.

죽어 누워 있는 가운데 그 기억이 눈앞에 펼쳐지는 동안 이번에도 남자는 그 작은 친절을 베푸는 자신만 본 게 아니었다. 그는 자기의 손에 부드럽게 들려 안전한 곳으로 옮겨진 그 거북이가 되었다. 그 순간 남자는 사랑의 느낌을 알게 되었다. 그리고 모든 생명체와 자신이 깊이 연결되어 있음을 느꼈다. 그리고 서로를 해칠 때마다 서로 연결된 생명체계 전체를 해치는 것임을 깨달았다. 그리고 서로를 사랑하고 보살필 때마다 생명체계 전체를 보살피는 것임을 깨달았다. 그렇게 깨닫는 순간 남자의 의식이 다시 몸속으로 빨려 들어갔다. 그 순간 남자는 세상에 공헌하며 지금과는 다른 삶을 살아야 함을 깨달았다.

우리 아카데미에 온 사람들이 경험하는 의식의 변형은 하나같이 모두 독특하지만 임사체험을 통해 이 남자가 얻은 통찰과 비슷한 통찰을 경험한다. 의식의 확장을 직접 경험할 때 세상에 대한 인식 전체가 바뀌는 일은 드물지 않다.

자신의 인생에 대해, 자신의 행동이 일으킨 파급 효과에 대해, 그리고 우리 모두를 지지하고 유지해주는 삶의 그물망에 대해 이전과는 비교할 수 없을 정도로 훨씬 크고 확장된 이해를 처음 경험하게 된다.

상호연결 깨닫기

우리는 상호연결된 세상에 살고 있다. 그러므로 우리의 행동이 중요하다.

수백만 명의 긴 노동과 통찰이 있었기에 오늘 당신과 내가 불편 없이 하루를 살 수 있다. 수백만 명의 지속적인 노력이 없다면 우리는 한 끼도 제대로 즐길 수 없다. 그리고 우리도 이 세상을 살아 있게 하는 그 수백만 중에 한 명이다! 매일 아침 일을 하러 가기 위해 집을 나설 때 우리는 사실 '조화로운 세상 만들기' 미션에 참여한다. 컴퓨터에 뭔가를 타이핑할 때마다, 위험한 작업을 위해 특별 제작된 보호복을 입을 때마다, 새로운 사업 아이템에 대해 생각할 때마다, 교실에서 아이들에게 시를 읽어주기 위해 책을 펼칠 때마다, 3백 명의 승객을 안전하게 원하는 목적지로 데려갈 때마다…… 그리고 그 외에 다른 수많은 형태의 일에 착수할 때마다 당신은 사실 조화로운 세상 만들기에 기여한다. 그리고 그 조화롭고 아름다운 세상을 유지하는 데 없어서는 안 되는 매우 중요한 사람이 된다.

이런 상호연결 상태로 깨어날 때 능률이 하늘 높은 줄 모르고 올라간다. 개인적인 삶에서 대단한 성공을 만끽하게 되고 자신이 속한 기관과 세상 내 모든 사람의 성공에도 크게 공헌하게 된다.

고급 미용실에서 스타일리스트로 일하는 우리 아카데미 학생이 있었다. 그녀는 하루를 마감할 때면 늘 무미건조한 삶에 지루함을 느끼곤 했다. 영리하고 말재간이 있어 고객을 즐겁게 해주었지만 내면은 늘 공허했다. 염색하고 머리 자르는, 매일 하는 똑같은 일이 지겨웠다. 그런 그녀가 우리 아카데미의 한 과정을 마치고 깊은 사랑을 느끼는 상태로 깨어났다. 그 결과 직장에서의 경험이 완전히 바뀌었다. 요즘 그녀는 모든 고객의 내면 상태와 연결된다. 손님이 일하는 싱글맘이나 직장인이라면 모처럼 머리 손질을 한 후 얼마나 기분이 좋을지 생각하게 되었다. 이제 막 대학에 입학한 신입생이 등교 첫날 산뜻하게 자른 머리로 수업에 들어갈 때 얼마나 자신감이 상승할지 생각하게 되었다. 그렇게 모든 고객과 깊이 교감하게 되었다. 생계 때문에 억지로 하던 일이 이제 사람들에게 영향을 주는, 사랑 가득한 의식적 행위가 되었다.

그런데 이 스타일리스트는 거기에서 안주하지 않았다. 사실 그녀는 스타일리스트 이상의 역할을 하고 싶었다. 더 많은 것을 원했기에 삶에 불만을 가진 면도 있었다. 그래서 자신의 이름을 걸고 친환경 헤어 제품을 출시했다. 스타일리스트로서의 경험 덕분에 용기를 낼 수 있었다.

부의 창조를 '의식적으로' 추구할 때는 같이 일하는 사람들, 일로써 영향을 주는 사람들에게 사랑을 느끼게 된다. 사랑의 감정이 깨어난다. 다른 사람의 감정에 신경 쓰지 않는다면 함께 일하며 그들의 어깨를 스칠 수는 있겠지만 근본적으로 혼자라 느끼고 스트레스 상태에 갇히게 된다. 다른 사람과 연결되어 있다고 느낄 때만이 보호받고 보살핌을 받고 있다고 느낄 수 있다. 어쩌면 당신은 여전히 연결의 상태가 늘 좋은 것만은 아니라고 의심할지도 모른다. 당신만 그런 건 아니다.

"다른 사람과의 교감이 왜 중요하지요?"

우리 아카데미에 들어온 한 학생도 첫날 이런 질문을 던졌다. 스코트는 젊은 나이에 성공한 청년이었다. 서른두 살에 이미 큰 기업에서 매우 높은 관리자의 위치에 올랐다. 스코트는 자신을 자수성가한 사람이라고 했다.

"여기 이 테이블이나 제가 좋아하는 자동차나 제 개인적인 재능이나 능력과는 연결할 수 있어요."

스코트가 말했다.

"하지만 언제 변할지 모르는 사람에게 왜 의존해야 하죠? 저는 저 자신, 저의 능력, 제가 사랑하는 것들에만 의지합니다."

그날 늦게 스코트는 자신이 아카데미에 온 이유가 '앞으로 어떻게 살아야 할지 몰라서'라고 했다. 스코트는 아침에 일어날 때면 거의 매일 다음과 같은 세 가지 의문이 든다고 했다.

1. 이 회사에 왜 계속 내 에너지와 창의성을 쏟아부어야 하지?
2. 나는 왜 이 모든 일을 하고 있지?
3. 나는 누구를 위해서 일하지? 내가 그렇게 오랫동안 일구어놓은 이 팀은 이제 더이상 나를 필요로 하지 않는 거 같아.

내면의 여정을 따라가 본 스코트는 수년간 받았던 상처들이 자신을 예민한 사람으로 만들었음을 깨달았다. 사람들에게 느낀 실망감을 떨쳐내지 못하여 사람들에게서 멀어지고 혼자 단절되는 결과로 이어졌다. 스코트는 남은 일생을 그렇게 단절된 채 살고 싶을까?

아니다. 스코트는 그 분노와 실망감을 떠나보내겠다고 결심했고, 그러자 자신과 자신의 삶에 대한 생각이 바뀌었다. 이제 스코트는 자신을 자수성가한 사람으로 보지 않았다. 자신이 성공하는 데 도움을 준 많은 사람이 생각났다. 자신의 팀이 어떻게 크고 작은 행동으로 자신을 지지해주었는지 보기 시작했다.

의식이 확장되자 스코트는 더 행복한 팀과 회사를 만들고 싶은 바람이 조금씩 고개를 드는 것을 느꼈다. 아카데미 과정을 마친 지 6개월이 지나자 마침내 스코트는 인생의 목적을 다시 찾았다고 했다.

"직장에 복귀했고 지금은 직원들과 같이 성장하는 게 아주 즐거워요."

스코트가 말했다.

"제 뇌가 창의성이 넘치는 그 어떤 구역으로 들어간 것 같아요. 주변에 싱크로니시티를 보여주는 사건들이 넘쳐난답니다."

삶의 의미를 잃어버렸다면 단절되어 있을 가능성이 매우 크다. 진심에서 우러나온 연결의 상태로 다시 깨어난다면 자연스럽게 인생의 더 위대한 목적을 감지할 것이다. 그리고 진정한 협력이 무엇인지도 깨달을 것이다.

진심에서 우러나온 연결이 왜 모든 조직에서 반드시 필요할까? 리더들은 어떻게 그런 연결을 양성할 수 있을까? '진심 어린 연결'이란 단순한 태도 혹은 함께하는 활동을 말하는 게 아니다. 진심 어린 연결이란, 당신의 웰빙이 다른 사람의 웰빙과 직결됨을 보는 의식 상태이다. 그것에는 주변 사람의 웰빙과 행복을 보살펴야겠다는 자연스러운 욕구가 수반된다.

우리의 친구 스코트보다 더 오래 일해온 사람이라면 이렇게 생각할지도 모르겠다. '지금까지 그럭저럭 잘 살아왔는데 왜 바꾸어야 하지? 정말 꼭 그래야 하나?'라고 말이다. 프리타지와 나는 우리가 하는 일 덕분에 커플이나 가족부터 작은 사업체와 기관은 물론이고 거대 다국적 기업, 운동단체, 국가 등 모든 수준의 기관들이 내부적으로 어떻게 작동하고 있는지 볼 기회가 많았다. 그리고 우리가 속한 조직의 리더로서 진보적이고 이성적인 시스템이 얼마나 중요한지도 잘 알고 있다.

하지만 당신이 어떤 시스템을 만들어내고 어떤 규칙을 부과하든 그 시스템을 구성하는 개인들의 의식이 계속 제한적이라면 그 시스템은 당신이 원하는 비전을 결코 실현할 수 없다. 세상에서 가장 능률적으로 보이는 시스템이라도 그 안에 있는 스스로에게 집착하는 의식이 그 시스템을 망가뜨려 버린다. 세상을 비범하게 바꾸고자 하는 모든 리더들이 반드시 의식 변형에 집중해야 하는 이유가 바로 여기에 있다. 그리고 경영자의 위치에 있는 우리 학생 다수가 말한 것처럼 지도자가 의식을 바꾸겠다고 결심하면 직원들은 따라오게 되어 있다.

새로운 관리법을 들이밀며 순응을 강요하는 것과 반대로 진정으로 의식적인 기관을 창조하는 것은 철저하게 당신의 존재 방식에 관한 논제이다. 다시 말해 고통의 의식 상태에서 벗어날 수 있는 당신의 능력, 그래서 결단력 있는 행동할 수 있는 능력, 조직에 있는 모든 사람들의 웰빙을 이루고 싶다는 당신의 바람 그리고 더 넓은 세상에 좋은 영향을 주고 싶다는 당신의 바람이 핵심 열쇠이다.

세상의 많은 지도자들은 지구 혹은 인류를 위해 하고 싶은 일이 무엇인지는 말하지만 자신의 존재 상태에 대해서는 거의 말하지 않는다. 하지만 분리된 의식이 하나임을 경험하고 단절에서 연결로 바뀌고 고통의 상태가 아름다운 상태로 바뀌는 근본적인 혁명 없이 과연 인류의 미래를 위한 제대로 된 비전을 세울 수 있을까?

의식의 근본적인 혁명 없이는 그 어떤 결심, 결정, 변화도 겉치레에 불과하다. 진정한 열매를 맺을 수 없고 더 많은 갈등 속에서 무너지기 쉽다. 꼭 기억하기 바란다. 의식의 변화가 먼저이다. 그다음 결정을 내리고 행동해야 한다.

인류는 현재 더 높은 수준으로 다 같이 진화하느냐 아니면 우리 자신을 포함한 다른 생명체를 파괴와 멸종으로 이끄느냐를 결정지을 중요한 갈림길에 서 있다. 선택은 우리 손에 달려 있다. 미래 세대의 운명과 지구상 수많은 생명체의 운명이 우리가 이 의식의 진화를 이루느냐, 못 이루느냐에 달려 있다. 당신은 당신의 의식을 괴로움, 분리, 소외 상태로 퇴화시키겠는가? 아니면 아름다운 의식 상태로 진화시키겠는가?

당신은 어디로 가고 싶은가?

소울 싱크 연습
부의 의식적인 창조자 되기

내면의 '보잘것없는 상태'를 극복하고 싶을 때도, 더 즐겁고 의미 있는 직업을 찾을 때도, 이미 하고 있는 일의 영향력을 높이고 싶을 때도, 당신과 사랑하는 사람을 위해 혹은 당신이 지지하고 싶은 대의를 위해 거대한 부를 창출하고 싶을 때도, 부의 의식적인 창조자의 역할 속으로 좀 더 확신 있게 들어가는 데 소울 싱크가 도움이 될 것이다.

먼저 앞에서 배운 소울 싱크 명상의 다섯 단계를 한다.(45~47쪽 참조)

이제 여섯 번째, 당신이 고요한 용기의 아름다운 상태에 있다고 상상하거나 그렇다고 느낀다. 깊은 열정을 가지고 사람들을 위한 변화를 창조하며 살아가는 자신을 본다. 그리고 당신 인생으로 부와 풍요가 끊임없이 흘러들어 오는 것을 느낀다. 그것이 당신과 당신이 사랑하는 사람과 이 세상에 어떤 의미로 다가올지 상상해본다.

아카데미에 대한 질문과 대답

by 크리슈나지

질문 **행복과 부에 대한 비전을 말씀해주세요.**

대답 프리타지와 저는 성공, 성취, 원만한 인간관계, 명성 같은 것이 삶의 '전부'라고 생각하지 않습니다. 의식의 위대한 상태에 있다고 해서 모든 것을 '다 이루었다'라고도 말하지 않습니다. 어느 쪽이든 극단으로 치닫는 것은 삶의 균형을 무너뜨립니다. 둘이 잘 조화할 때 삶이 아름다워집니다. 좀 재미있는 표현이 될 수도 있겠지만 "붓다가 되어 사랑하는 사람과 벤츠를 타기" 정도면 완전한 삶이라고 할 수 있을까요? 누구나 호사스런 삶을 지향해야 한다는 것이 아닙니다. 의식의 아름다운 상태에서 사는 법을 누구나 배울 수 있고, 그 상태가 주는 힘을 통해 우리 자신은 물론 소중한 사람과 함께 세상에 사랑과 번영을 창조할 수 있다는 뜻입니다.

네 가지 신성한 비밀은 바로 그런 원대한 비전을 실현하는 것입니다. 프리타지와 저는 사람들이 변형된 의식 상태에서 살고 생활하며, 부의 의식적인 창조자, 깨어난 부모, 따뜻한 반려자, 기뻐할 줄 아는 사람이 되는 데 우리의 가르침이 도움이 된다고 믿고 있습니다. 개인적으로 우리 부부는 서로 충만하고 풍부한 관계를 유지하고 있고 그건 우리 딸 로카와도 마찬가지입니다. 그리고 양가 부모님을 존경하며 정성을 다해 모시고 있죠. 우리는 아카데미의 선생님들과 수많은 우리 학생의 멘토 역할도 사랑합니다. 이들과의 관계를 포함한 또 다른 수많은 관계를 맺고 있지만 하나같이 풍요로운 관계입니다. 이건 우리가 고수하는 이상이나 가치 때문이 아니라 우리가 살고 있는 의식 상태 덕분입니다. 우리는 괴로운 의식 상태가 뿌리를 내리지 못하도록 하고 있습니다.

우리에게는 인류 의식을 변화시키는 임무와 다양한 사업을 잘 운영할 수 있도록 도와주는 뛰어난 팀과 신뢰가 두터운 사업 파트너를 비롯한 CEO들이 있습니다. 그리고 일을 하는 과정에서 우주가 더없이 관대하게 많은 싱크로니시티를 우리에게 베풀어주었어요. 이 모든 것은 우리에게 무슨 비밀 경영 원칙이 있어서가 아니라 우리 의식 상태가 부른 결과입니다.

네 가지 신성한 비밀의 목적은 부유한 내면 상태와 부유한 외부 세상의 삶의 합치입니다. 우리는 모두가 그런 완전한 삶을 살아가길 바랍니다.

질문 **아카데미에서는 무엇을 배우나요?**

대답 오앤오 아카데미는 인도에 있으며 인간 의식의 변형을 위한 철학, 명상 학교입니다. 전 세계에서 온 모든 학생에게 그들의 언어로 그들의 연령대에 알맞은 코스를 제공합니다. 커리큘럼은 영적 성장에 따라 단계적으로 짜여 있고 헌신적인 교직원들이 학생들의 의식 변형을 위해 최선을 다하고 있습니다.

학생들은 대개 자신이 사는 나라에서 아카데미와 처음 접하게 됩니다. 프리타지가 전 세계 대도시를 다니며 나흘짜리 영성 이벤트 필드 오브 어번던스(FOA, Field of Abundance – 풍요의 장)를 제공하고 '소스&싱크로니시티(S&S, Source & Synchronicities – 근원과 동시성)' '비잉 리미트리스(BL, Being Limitless – 무한한 존재)'라는 제목의 이틀짜리 온라인 이벤트 강의도 하기 때문이지요. 우리가 제공하는 수업에 대해 더 자세히 알고 싶다면 홈페이지(www.oo.academy)를 방문하기 바랍니다.

질문 **아카데미의 무엇이 사람들을 끌어들인다고 생각하나요?**

대답 고대 인도의 성자들은 '드비자Dwija', 즉 '두 번 태어난 사람'이 되라고 했습니다. 이 말은 의식 변형을 통해 한 번 더 태어나라는 뜻이지요. 드비자는 삶을 제한하는 모든 조건과 사고체계에서 벗어나 무한한 잠재성을 가진 의식으로 다시 깨어난 사람입니다.

누구나 그렇게 깨어날 수 있을까요? 그렇습니다. 깨어날 수 있습니다. 고대 문명을 보면 모두 영적이고 심오한 여정을 말하고 있고 그런 모험이 진짜로 말하고자 하는 것을 상징, 신화, 신성한 예술이나 건축물로 후대에 남겨주었지요. 트로이가 몰락한 후 오디세우스가 이타카로 돌아가던 순간, 요나가 고래 뱃속으로 뛰어들던 순간, 아르주나가 전쟁을 준비하면서 믿음을 잃었던 순간 혹은 어두운 동굴로 들어간 뱀이 용이 되어 다시 밝은 햇빛 속으로 나오는 중국의 신화를 생각해보세요. 이런 이야기들은 단순히 재미있는 이야기가 아닙니다. 심오한 지혜를 담아 의식 변형의 청사진을 제시하고 있죠.

통과의례는 수많은 문화에서 진화를 위해 중요했습니다. 하지만 우리는 어느 순간부터 시련을 통한 성장이나 변형으로부터 멀어졌습니다. 재난, 부모나 사랑하는 사람의 죽음, 꿈을 잃는 것 등으로 조금씩 천천히 비통함을 더해가며 삶에 절망하게 될 때 우리는 태곳적부터 인간이 참아내야 했던 그 똑같은 고통을 겪게 됩니다. 하지만 경외심마저 불러일으키는 그 모든 과학 기술의 발전에도 불구하고 현대 사회는 더 큰 의식 속으로 나아가 위기에서 벗어나는 방법을 알려주지 않습니다. 인생에서 두 번째 장을 열고 싶다면 반드시 더 위대한 의식 상태가 되어야 합니다.

우리 아카데미 코스는 삶의 각 단계를 슬기롭게 이겨내고 깊은 변형을 일으키는 데 필요한, 우리 모두 가지고 있는 잠재력을 깨워줍니다. 프리타지와 저는 종종 이렇게 말한답니다. 사람들을 가르치고 인도하는 이 커리큘럼이 사람을 진정으로 바꾼다고. 우리 아카데미를 거쳐 나가면 가끔 어쩌다 행운의 바퀴를 돌리는 무기력한 상태에서 벗어나 스스로 새로운 운명을 개척하게 되지요. 다양한 명상법이 당신의 삶, 관계 그리고 습관을 새로운 차원에서 보게 할 겁니다.

아카데미의 문을 연 이래 우리는 삶의 근본적인 질문에 대한 답을 찾는 수많은 사람들에게 도움을 주었고, 극소수만이 가능하다고 여기던 삶을 살도록 도왔습니다. 우리는 열두 살부터 여든한 살까지 각자의 나이에 맞게 가르칩니다. 한국에서부터 캘리포니아 북부까지 세계 각국의 사람들이 우리를 방문합니다.

꿈을 이루고 싶어서, 고통스러웠던 일을 이제 그만 잊고 싶어서 우리를 찾아옵니다. 어떻게 해야 자신 혹은 타인을 진정으로 사랑할까요? 진정으로 살아 있다는 게 어떤 걸까요? 우주에 의식이 있나요? 내 인생의 방향을 바꿀 힘이 내게 있을까요? 이런 큰 질문들과 씨름하는 사람들도 많습니다. 결심하지 못해 힘들어하는 사람들도 있습니다. 이 관계를 유지해야 할까요, 깨야 할까요? 다른 도시로 이사해야 할까요? 직장을 그만두고 더 즐겁게 할 수 있는 다른 일을 해야 할까요? 그게 좀 불안한 일인데도 말입니다.

모든 고통과 분리의 환영에서 벗어나고자 정진하는 영적 구도자들도 있습니다. 그리고 우주 지성 혹은 근원을 직접 경험하겠다는 열망으로 우리를 찾아오는 사람들도 있습니다.

이렇듯 우리를 찾아오는 이유는 각자 다 다르지만 모두 잡힐 듯 잡히지 않는 무언가를 잡아보겠다는 열망을 가진 구도자입니다. 그리고 모두 근본적으로 같은 질문을 다르게 던지지요. 어떻게 하면 그 잡힐 듯 말 듯한 것을 잡을 수 있죠? 물론 이런 질문에 우리가 다 답을 해주지는 않습니다. 하지만 스스로 그 답을 찾게 도울 수는 있죠. 우리는 사람들이 날카로운 통찰, 강력하고 신비한 체험, 간단한 명상을 통해 그 질문에 스스로 답할 수 있게 돕고 있습니다.

질문 **신에 대한 생각을 말씀해주십시오.**

대답 신은 주관적인 경험입니다. 모든 사람이 신을 다 다르게 정의하죠. 우리는 구도자들이 자신이 알고 있는 신을 깨달을 수 있도록 돕습니다. 그럴 수 있다면 그때부터 신은 그들에게 그저 단어에 그치지 않고 직접적인 경험이 됩니다.

그리고 문화에 따라 어떤 사람은 신을 개인적인 관계를 맺을 수 있는 존재로 경험하고 또 어떤 사람은 사랑, 자애, 힘의 성격을 가진 보편적인 우주 지성으로 경험하죠. 아름다운 의식 상태에서 살아갈수록 우주 지성과의 연결이 더 강해지고, 그때 그 우주 지성이 우리 삶으로 흘러 들어옵니다. 아카데미에서는 이 보편적인 우주 지성 혹은 신의 존재를 깨닫는 데 도움이 될 체험을 다양하게 고안해두었습니다.

질문 **그렇다면 의식은 무엇인가요?**

대답 존재하는 모든 것이 의식입니다. 의식이 아닌 것은 없습니다. 당신도 의식이죠. 당신은 의식임과 동시에 의식 안에 있습니다. 의식은 논리의 영역이고 신비의 영역이기도 합니다. 의식은 물질이고 그 물질에 대한 당신의 경험이기도 합니다.

말장난처럼 들린다면 미안합니다. 신비한 것을 설명하기에 우리가 쓰는 언어는 많이 부족합니다. 이렇게 말해봅시다. 일출이 의식의 물리적 측면이라면 일출의 아름다움과 화려함 혹은 그 반대는 우리 의식의 경험적 측면이죠. 당신이 낳은 아기가 의식의 물리적 측면이라면 그 아기를 안았을 때 당신이 느끼는 사랑 혹은 공포처럼 밀려오는 책임감은 의식의 경험적 측면이죠.

우리가 오감으로 경험하는 우주가 의식의 물리적 측면이라면, 그 우주에 대한 당신의 개인적인 내면의 경험은 의식의 경험적 차원입니다. 과학이 대체로 의식의 물리적 측면을 탐구한다면 진정한 영성은 의식의 경험적 차원 혹은 내적 차원의 변형과 탐구를 맡고 있습니다. 의식의 근본적인 변형을 위해서는 자기 집착 상태인 '나-의식I-consciousness'에서 벗어나 '하나-의식One-consciousness'으로 나아가는 것이 가장 중요합니다.

질문 방금 언급하신 '나-의식'과 '하나-의식'에 대해 좀 더 설명해주시겠습니까?

대답 고대에서 내려오는 동서양 신화를 보면 전쟁 이야기가 많습니다. 신과 악마 사이의 전쟁, 빛과 어둠 사이의 전쟁 말입니다. 때로는 신이 이기고 때로는 악마가 이깁니다. 이 전쟁들은 하늘에서 혹은 땅에서 혹은 그 중간 어딘가에서 일어납니다. 그런데 이 전쟁은 실제로 무엇일까요? 그리고 어디서 일어나는 걸까요? 이 전쟁은 사실 우리 의식에서 일어나는 것입니다.

의식은 스펙트럼입니다. 그 한쪽 끝에 우리가 말하는 '나-의식'이 있고 그 다른 쪽 끝에 '하나-의식'이 있습니다. 나-의식은 생각이 우리 자신을 중심으로 강박적으로 돌기 시작할 때를 말합니다. 이때 생각이 나, 나, 나 그리고 나의 걱정, 불안, 독선, 쾌락, 욕망에 고정되기 시작하죠. 자기 자신에게 푹 빠진 상태입니다. 의식 스펙트럼 속 이 '나-의식'의 끝은 그야말로 전쟁터입니다. 불만, 분노, 미움, 두려움, 고통, 욕망 같은 파괴적인 존재 상태에서 통제권과 지배권을 놓고 싸우는 전쟁이지요. '나-의식'은 이 모든 괴로운 상태를 부릅니다. '나-의식'은 우리 자신을 극단적으로 제한된 존재로 인지하게 만듭니다. '나-의식'의 나를 동그라미라고 한다면, 그 안에는 가족도, 자식도, 친구도 존재하지 않습니다. 아무것도 존재하지 않습니다. 괴로운 의식 상태에 갇혀 있으면 정말 그 누구도 중요하지 않습니다. 이것은 매우 비좁고 답답한 존재 상태이고 매우 고통스러운 존재 상태입니다. 이 상태에서는 모든 것이 쪼그라들어 사라집니다. 창의성이 말라버리고 모든 능력이 사라지고 재산도 줄어들고 관계도 허약해집니다. 마치 온 우주가 우리를 미워하는 것 같습니다. '나-의식' 상태라면 무의식적, 강박적으로 자신과 타인을 고통과 상실로 이끄는 행동들을 하게 됩니다.

이 '나-의식' 상태에서 '하나-의식' 상태로 큰 도약을 이룰 때만이 삶에 완전한 변형과 의식의 진정한 혁명이 이루어집니다. '하나-의식'을 이해하기 쉽게 설명하자면, 우리 자신과 삶의 모든 것이 깊이 연결된 상태라고 할 수 있습니다. 이때 자아는 자신과 다른 사람들, 자신과 자연, 자신과 지구, 자신과 우주를 모두 하나로 인식합니다. '하나-의식'일 때 자아는 경계가 완전히 사라질 때까지 점점 더 커지고 확장됩니다. 그럼 우리는 무한해지고 영원해집니다.

'하나-의식'은 일정한 상태가 아니고 확장되는 존재 상태입니다. 이런 존재 상태라면 주변에 조화롭고 강하고 멋진 에너지장을 만듭니다. 그럼으로써 당신 인생에 멋진 우연과 마법 같은 싱크로니시티를 끌어들이게 됩니다. 인생의 도전들을 헤치고 나아가게 하는 지혜를 발휘하게 해줍니다. 그 어떤 상처도 치유할 사랑을 키워줍니다. 부를 창조해 그것으로 상상도 하지 못한 많은 사람을 도울 수 있게 합니다. '나-의식'에서 빠져나오는 여정 혹은 '하나-의식'의 다양한 영역으로 들어가는 것, 이것을 우리는 '깨어남' 혹은 '깨달음'이라고 합니다.

질문   **깨어난다는 것에 대해 좀 더 자세히 설명해주시겠어요?**

대답   깨달음, 삼매, 사토리, 묵티, 깨어남, 자기실현 등 의식 진화의 여정을 가리키는 말들이 많습니다. 여기서는 간단히 '깨어남'이라고 합시다. 실존주의적 권태, 두려움, 화 혹은 슬픔 등 의식의 모든 괴로운 상태가 눈 뜨고 꾸는 끔찍한 악몽 같으니까 말입니다.

악몽에서 깨어나면 어떻습니까? 괴로워 몸부림쳤던 그것이 현실이 아니라 꿈이었음을 깨닫는 데 조금 시간이 걸리죠. 그리고 마침내 완전히 깨어나면 크게 안도합니다.

고대 성자들은 그 모든 괴로움 혹은 분리된 느낌에 휘둘리는 상태를 눈 뜨고 꾸는 악몽이며 그것에서 깨어나야 한다고 보았습니다. 완전히 깨어나면 깨달은 자의 기쁨에 넘치는 미소를 지을 것입니다. 그리고 의식의 '아름다운 상태' '초월적인 상태' '깨달음 상태' 속으로 단계적으로 깨어나게 됩니다. 이것은 '하나-의식'의 세 영역이라고 할 수 있습니다. 깨어남은 '나-의식'에서 '하나-의식'으로 깨어남을 말합니다. 이 점에 대해서는 다음에 기회가 될 때 더 자세히 살펴보도록 하겠습니다.

질문 **이 책에서는 의식의 '아름다운 상태'에 대해서만 말씀하셨습니다. 방금 말씀하신 다른 두 영역에 대해 조금 더 말씀해주시겠습니까? 그리고 의식 상태는 괴로운 상태와 아름다운 상태 이렇게 두 상태만 있지 않나요?**

대답 네, 그렇습니다. 우리는 의식의 단 두 상태에서만 살아갑니다. 괴로운 상태와 괴롭지 않은 상태이지요. 그 외에 제3의 상태는 없습니다.

괴로움을 관찰하면 그것이 지루함, 짜증, 무심함 혹은 긴장 같은 불쾌한 상태에서 시작됨을 볼 수 있습니다. 그 고통이 불만, 분노, 두려움, 불안, 슬픔, 외로움 같은 상태로 격화될 수도 있고 눈덩이처럼 커져 존재 자체에 대한 극도의 권태감, 자포자기, 우울, 혐오, 낙담의 강박적인 상태로 빠져들 수도 있습니다.

괴롭지 않은 상태에도 스펙트럼이 있습니다. 우리는 이 스펙트럼을 크게 세 가지 경험 영역으로 나눕니다. 의식의 아름다운 상태,

초월적 상태 그리고 깨달음 상태, 이렇게 말입니다. 이 각각의 영역에서 삶은 각기 다르게 경험됩니다. 의식은 끝없는 해안을 가진 대양입니다. 이 책에서 우리는 '아름다운 상태'라는 해안 하나에 대해서만 다루기로 했던 겁니다. 하지만 여기서 이 세 해안에 대해 간단하게나마 그러니까 아주 간단하게만 말해보겠습니다.

의식의 '아름다운 상태'는 기분이 극도로 좋은 그런 상태가 아닙니다. 그저 갈등하는 내면의 생각이 만들어내는 잡음이 없는 상태입니다. 이 상태에서는 당신 자신과 다른 사람들, 나아가 세상과 깊게 연결되어 있다고 느낍니다. 그리고 현존하는 삶을 살게 되지요. 고요, 연결, 사랑, 자비, 기쁨, 평온, 다정함, 감사, 용기 모두 이 상태의 특징입니다. 누구나 이런 아름다운 상태에서 인생의 대부분을 보낼 수 있습니다. 뇌, 몸, 의식의 변화가 일어났다면 때로 괴로운 일이 일어나도 재빨리 해소하고 다시 '아름다운 상태'로 돌아갑니다.

환희, 희열, 모든 존재에 대한 보편적 사랑, 평화, 평정심, 두려움 없음 등은 오랫동안 지속되지 않는 상태로, 의식의 '초월적 상태'의 특징입니다. '초월적 상태'로 올라가면 생명력의 흐름을 목격하게 됩니다. 그리고 생명력과 함께 흘러갑니다. 나무, 땅, 인간, 모든 생명체가 우리 안으로 흘러 들어오고 우리가 그들 속으로 흘러 들어가는 것을 깨닫게 됩니다. 자신이 모든 존재와 분리될 수 없다는 것을 알게 됩니다. 이것은 깊은 명상 과정에서 경험하는 비범한 상태입니다. '초월적 상태'에서는 신비한 것에 눈을 뜨게 되지요. 그리고 초감각적인 경험을 하거나 초월적인 예지력을 경험하기도 합니다. 이런 강렬한 상태가 인생에서 큰 변화를 일으키는 것을 아카데미에서 종종 목격했습니다.

의식의 '깨달음 상태'에서는 물질과 의식, 신성함sacred과 비속unsacred, 나와 타인, 신과 인간, 괴로움과 즐거움 같은 세상의 모든 이원성에서 벗어납니다. 그리고 하나로서 깨어나죠. 의식의 '깨달음 상태'는 인간 의식에 영원한 각인을 남깁니다.

이런 의식 상태를 경험한다면 일상에서도 급진적인 전환을 겪지 않겠습니까? '나-의식'에서 산다는 것은 늙은이가 되어 거실 벽에 걸린 아름다운 해변 그림을 보며 쓸쓸히 한숨만 쉬고 있는 것과 같습니다. '나-의식' 너머 '하나-의식'의 더 깊은 영역을 탐구할 때 우리는 깊고 아름다운 바다를 직접 탐험하는 모험가가 됩니다. 폭군의 권력을 가진 괴로운 의식 상태에서 벗어날 때 우리는 진정으로 살아갈 수 있습니다. 이때 삶은 더 즐겁고 동시에 더 깊고 더 신성해집니다.

인간은 누구나 이 의식의 영역을 모두 경험할 수 있는 뇌를 가지고 태어납니다. 인류를 괴로운 상태에서 벗어나게 하고 이 훌륭한 의식 상태로 깨어나게 하는 것이 우리 아카데미에서 온 마음을 다해 이루고자 하는 일입니다.

질문 **이 책 곳곳에서 사람들이 무한한 의식의 장을 경험한다고 언급하셨는데 무한명상이 무엇을 뜻하는지 자세히 설명해주시겠습니까?**

대답 무한명상은 의식의 '초월적 상태'와 '깨달음 상태'를 경험하게 하는 매개체 같은 것입니다.

무슨 뜻인지 설명하겠습니다. 과학자들은 양자역학에서 전자를 입자로 볼지 파장으로 볼지 고심하였습니다. 전자를 입자로 보면 그때 전자는 특정 위치에 있게 됩니다. 전자를 파장으로 보면 그때 전자는 특정한 지점에 국한되지 않고 훨씬 방대한 공간에 걸쳐 그 영향력을 발휘합니다. 마찬가지로 우리도 각자 자신을 일련의 특정 기억 및 경험과 함께하는 몸 하나에 국한된 개인으로 볼 수 있습니다. 이것은 자신을 입자로 보는 것입니다. 하지만 자신을 주변에 영향을 주는 파장으로도 볼 수 있습니다.

의식은 주변에 에너지장을 만들어내고, 같은 사실을 누구나 다 알고 있습니다. 예를 들어 어떤 사람 옆에 가면 아무 이유 없이 더 고요해지고 더 즐거워지는 걸 느끼지요. 반대로 분노와 미움이 들끓는 사람 옆에 가면 뭔지 모르게 불편해집니다. 의식 상태에 따라 사람은 누구나 각자의 에너지장을 만듭니다.

당신이 아름다운 상태, 사랑, 자비, 기쁨, 평온의 상태에 있다면 그런 당신 주위로 바로 그런 에너지장이 만들어집니다. 이 에너지장이 당신은 말 한마디 하지 않아도 당신 주변 사람들에게 영향을 줍니다. 그 이유는 당신이 몸에 국한된 하나의 경험이 아니라 의식으로서 존재하기 때문입니다.

프리타지와 나는 이미 오래전에 이 신성한 선물을 받았습니다. 자의로 이원화가 없는 '깨달은 상태'로 들어갈 수 있는 선물 말입니다.

이 최고의 상태를 옛날 사람들은 '에캄Ekam'이라고 불렀습니다. 이에캄에서는 분리가 없고 의식의 어마어마한 장이 발생합니다. 우리와 함께 무한한 의식의 장으로 들어갈 때 당신은 공간을 초월하여 영향을 미치는 대단히 강력한 에너지장으로 들어가는 것입니다.

영적 구도자가 의식의 무한한 장 안으로 들어가면 신경 구조와 신경 물질이 변하면서 강력한 의식의 상태로 깨어납니다. 무한명상은 노력하고 애쓸 필요가 없는 영역입니다. 무한명상은 그저 일어나는 영역입니다.

질문 **이 책에서 에캄을 지은 과정에 대해 말씀하셨습니다. 사람들이 깨어나도록 돕는 목적을 가진 거대한 구조물이라고 하셨는데요. 그 에캄과 구조물에 대해 좀 더 말씀해주시겠어요?**

대답 '에캄'은 원래 육체를 가진 인간으로 경험할 수 있는 이원화가 없는 최고의 상태를 뜻합니다. 우리는 세 가지 신성한 용도를 위해 에캄이라는 신비한 힘을 가진 구조물을 만들었습니다.

1. 에캄은 각자의 배경과 믿음과 무관하게 모든 사람이 우주 지성과 만나는 공간이자 인생에서 중요한 결정을 내려야 할 때 위대한 직관을 경험할 수 있는 공간입니다. 에캄은 신성한 힘이 거주하는 곳입니다.

2. 에캄은 에너지가 특별한 땅에 위치합니다. 이곳에서 하는 명상은 우리 몸의 여러 에너지 센터에 영향을 주고 우주의 에너지가

우리 의식 속으로 흘러 들어오게 합니다. 우리가 만든 명상 과정은 당신을 의식의 '깨달음 상태'로 안내합니다. 에캄에서 사람들은 최고의 초월 상태를 경험합니다.

3. 에캄은 에너지 증폭기 역할을 하는, 고대의 신비한 건축 원칙에 따라 지어졌습니다. 에캄에서 수천 명이 함께 명상하면 인류 의식이 평화로 나아가는 심오한 전환을 이룰 수 있습니다.

에캄은 그 문과 창문과 바닥의 무늬 하나하나까지 모두 심오한 의미를 품고 있는, 이 시대의 가장 신성하고 아름다운 건축물 중 하나입니다. 에캄의 구성 요소들 하나하나 모두 지구와 우주의 신성한 치유 에너지와 공명하고 따라서 그 치유 에너지를 증폭시킵니다.

에캄의 구조 자체만으로도 당신의 의식은 고양되어 초월적 영역으로 인도될 것입니다. 에캄에서 명상할 때 '하나-의식'으로 인도하는 강력한 에너지장 속으로 들어갑니다. 에캄의 구조와 그곳에서의 명상 과정들 모두 의식을 깨어나게 해 인류에 더 좋은 영향을 줄 수 있도록 고안되었습니다.

에캄에서 매년 에캄 풍요축제Ekam Abundance Festival, 에캄 세계평화축제Ekam World Peace Festival, 에캄 깨달음축제Ekam Enlightenment Festival, 이렇게 세 번의 큰 축제를 주최합니다.

에캄 풍요축제에 대해서 이야기해봅시다. 이 축제의 핵심 원칙은 하나입니다. 우리가 흔히 무의식적으로 잘 빠지는 근본 오류 중

하나가 세상만사가 원인과 결과라는 일직선상에서 움직인다는 생각이지요.

그래서 소울 메이트를 찾으면 삶이 사랑으로 넘칠 거라 생각합니다. 성공하면 만족할 거라 생각하고 살이 빠지면 혹은 찌면 편안해질 거라 생각합니다. 하지만 인생은 그보다 더 아원자적이라서 결과가 원인을 앞설 수도 있지요.

사랑부터 해보세요. 그럼 소울 메이트가 나타날 겁니다. 일단 만족해보세요. 그럼 성공이 뒤따라올 겁니다. 먼저 깊은 이완 상태가 되어 편안해져 보세요. 그럼 필요 없는 살은 빠지고 필요한 살은 붙을 겁니다. 우리가 사는 이 우주에는 많은 신성한 법칙들이 작동하고 있습니다. 사람들은 대개 이 법칙을 모르고 살아가지요.

질문 **에캄 세계평화축제는 어떤 축제입니까? 어떤 방식으로 전 세계 사람들이 참석할 수 있죠?**

대답 먼저 우리 각자에게 평화란 무엇인지부터 생각해봅시다. 평화라고 하면 대부분 회색 양복을 입은 남자들이 서로 악수하며 핵무기나 테러리즘 반대에 합의하는 모습을 떠올릴 것입니다. 이 또한 물론 세계 평화를 위한 일입니다. 하지만 이런 이미지는 세계 평화를 성취하는 일에 자신이 활동가가 아니라 구경꾼이 될 수밖에 없다는 착각을 불러일으킵니다.

우리는 정말 세계 평화를 등짐 지고 바라볼 수밖에 없을까요? 정말 그런지 한번 살펴봅시다. 먼저 다음 질문에 진솔하게 대답해

보시겠어요?

- 살면서 감정적 혹은 육체적으로 학대당한 적 있나요?
- 살면서 분리나 소외감으로 괴로웠던 적 있나요?
- 다른 사람이 일으킨 갈등으로 힘들어한 적 있나요?

부모에게 학대를 당한 사람이라면 평화의 가치를 잘 알 겁니다. 고통스러운 이혼 혹은 별거를 겪어본 사람도 평화의 가치를 잘 알 겁니다. 직장, 집 혹은 학교에서 차별을 받아본 사람도 평화의 가치를 잘 알 겁니다. 그러므로 세상의 지도자나 협상가쯤 되어야 평화를 이룰 수 있는 것은 아닙니다. 우리는 모두 서로 의식적으로 연결되어 있다고 했지요? 이 말을 잘 기억하시기 바랍니다. 각자의 의식 속에서 일어나는 일이 전쟁 혹은 폭력의 모습으로 집단 속에서 증폭되어 나타날 것입니다. 당신 의식이 평화로 깨어나는 것, 모든 살아 있는 존재들이 평화롭기를 기원하는 명상, 이것이 평화로운 세상을 만드는 데 결정적인 역할을 합니다. 평화는 만들어지는 덕성이 아니라 존재 상태입니다. 평화는 아름다운 내면의 상태입니다. 그렇다면 어떻게 해야 갈등하는 내면의 상태를 끝내고 평화로운 바깥세상을 만들어낼 수 있을까요? 어떻게 우리 자신, 우리 가족, 우리 공동체를 진정으로 바꿀 수 있을까요?

가장 흔한 접근법부터 살펴봅시다. 도덕 교육(가치 기반 접근법), 종교적 교육(믿음 기반 접근법), 혹은 이성에 호소(상호 이익 혹은 손실에 대한 이

해에 집중하는 접근법) 같은 것들로 조화로운 사회를 만드는 데 과연 우리는 얼마나 성공했나요?

교육만으로 갈등이 해소될 수 있을까요? 이런저런 가치를 주입하는 것만으로 진정한 변화를 일으킬 수 있을까요?

이성과 가치에 호소할 때 일시적 개혁을 이룰 수는 있겠으나 지속되는 변형을 이루려면 전쟁과 폭력의 근본 원인을 살펴야 합니다. 그리고 모든 전쟁과 폭력의 중심에는 대개 의식의 괴로운 상태가 있습니다. 괴로운 의식 상태에 있는 누군가가 파괴적인 말과 행동에 탐닉하게 되면 전쟁과 폭력이 일어납니다. 우리의 존재 상태를 바꾸는 것이 평화를 지속하는 가장 확실한 방법입니다.

그런 이유로 에캄 세계평화축제는 평화 운동이 아닙니다. 굳이 말하자면 의식을 평화 쪽으로 옮겨가는 축제로 매년 8월에 개최됩니다. 에캄으로 직접 오시는 수천 명의 참가자들 외에도 전 세계에서 피스메이커들이 매일 저녁 에캄에 접속해 함께 명상합니다. 명상의 주제는 종교적 관용부터 동물 보호, 여성과 아이들에 대한 존중감 높이기, 경제적 착취 종식, 인종 간의 조화로운 삶 증진 등 다양합니다. 열한 번째 날에는 전 세계에서 백만 명이 넘는 사람들이 에캄을 중심으로 세계 평화를 위해 다 함께 명상합니다. 에캄은 에너지 증폭기 역할을 하고 인간 의식에 영향을 주는 장소이므로 이 축제에 특히 적합한 장소입니다.

질문 **에캄 깨달음축제는 어떤 축제입니까? 어떻게 참여할 수 있나요?**

대답 그 질문에 대한 답은 또 다른 질문 하나로 시작해볼까 합니다. 깨달음에는 몇 가지 상태가 있을까요? 인간의 뇌에는 10억 개가 넘는 시냅스와 신경 세포들이 있고, 신경망은 천조 개나 된다고 합니다. 그러므로 이론적으로 우리는 천조 개의 다른 깨달음 상태를 경험할 수 있습니다!

하지만 다양한 문화들이 확장된 의식 상태에 대해 역사적으로 말해온 것들을 보면 이 무한하고 개별적인 깨달음의 경험을 다섯 개정도의 전형적인 '깨달음 상태'로 요약해볼 수 있을 것 같습니다.

프리타지와 저는 에캄 깨달음축제를 이 다섯 가지 깨달음의 의식 상태를 경험해보도록 만들었습니다. 이 축제는 12월에 일주일 간 진행되는데 60개가 넘는 나라에서 온 열정적인 구도자들이 참여하고 있습니다.

하지만 이 축제는 한 번으로 그칠 모험이 아닙니다. 이 축제에서 경험한 의식 상태가 당신 뇌의 화학작용을 바꾸며 새로운 신경회로를 만들어낼 것이므로 잠을 잘 때나 깨어 있을 때나 환희로 가득한 상태로 거듭 들어가게 됩니다. 우리의 상세한 안내 아래 당신은 많은 경험을 할 것이고, 그러다보면 깨어난 존재 방식을 추구하는 진정한 구도자, 열정적인 구도자가 될 것입니다. 세상으로 돌아가면 혼란스러워 갈등도 하게 될 테지만 결국 당신 의식 속에 그 어떤 격동에도 침범당하지 않는 공간이 건재함을 알게 될 것입니다. 다시 세상으로 돌아가 괴로운 상태에 압도당해도 당신 의식 속에 모든 존재가 환희가 되는 공간이 분명 있음을 보게 될 것입니다.

세상으로 돌아가 분리의 고통을 경험해도 당신 의식 속에 그 누구도 당신에게서 분리될 수 없는 공간이 있음을 알게 될 것입니다. 세상으로 돌아가 외로움을 느끼거나 죽음의 공포를 대면해도 당신 의식 속에 모든 것이 하나이고, 당신이 그 하나인 공간이 의식 안에 있음을 알게 될 것입니다.

질문　어떻게 하면 이 책에서 언급한 명상을 같이 할 수 있나요?

대답　매일 우리와 함께 연습할 수 있습니다. 웹사이트(www.breathingroom.com)를 방문해 앱을 다운받고 '네 가지 신성한 비밀' 명상을 비롯한 여러 명상법을 찾아보세요. 당신을 위한 특별 제공 서비스를 받고 싶다면 '소울 싱크soul sync' 코드를 이용하세요.

감사의 말

감사하는 마음은 알아차림이 확장될 때 생긴다. 바로 삶의 신성함까지 자각하게 되는 알아차림이다. 우리의 삶을 돌아보면 수많은 사람의 사랑과 헌신이 하나하나 다 보인다. 그러므로 이 책을 세상에 나오게 해준 고마운 사람들을 모두 언급하기가 우리로서는 불가능하다.

그럼에도 이 책의 교정을 도와준 세라 레이논에게 감사한다. 이 책을 기획한 아트리아북스 출판사의 담당 편집자 미셸 헤레라 멀리건에게도 감사한다. 마지막으로 이 책에 자신의 이야기를 싣도록 허락해준 모든 사람들에게 특별한 감사의 마음을 전한다.

39 *According to Jennifer Read Hawthorne*: Jennifer Read Hawthorne, "Change Your Thoughts, Change Your World," 2014, http://jenniferhawthorne.com/articles/change_your_thoughts.html.

46 *increases the blood flow*: Dr. Andrew Newberg and Mark Robert Waldman, *How God Changes Your Brain*(New York: Ballantine, 2009), 20.

46 *This kind of breathing activates*: Seth Porges, "The Science of Breathing," Forbes, November 28, 2016, http://www.forbes.com/sites/sethporges/2016/11/28/the-science-of-breathing-how-slowing-it-down-makes-us-calm-and-productive/#-42096f5a4034.

46 *According to Dr. Andrew Newberg*: Dr. Andrew Newberg and Mark Robert Waldman, *How God Changes Your Brain*(New York: Ballantine, 2009), 33.

46 *This Part of your Soul Sync*: Prathima Parthim Bose, "Humming Bee; Normal Breathing," *The Hindu*, January 7, 2015, http://www.thehindu.com/features/metroplus/fitness/wellness-humming-bee-normal-breathing/article6764389.ece.

58 *A story by Sri Ramakrishna*: Sri Ramakrishna, *Tale and Parables of Sri Remakrishna*(Chennai: Sri Ramakrishna Math, 2007)

59 *Neuropsychologist Rick Hanson*: Rick Hanson, "How to Glow the Good in Your Brain," *Greater Good Magazine*, September 24, 2013, http://greatergood.berkeley.edu/article/item/how_to_grow_the_good_in_your_brain.

The Four Sacred Secrets